Utz Schliesky

Schleswig-Holstein 2030
Wege zum Glück

Husum

Umschlagabbildung: Günter Pump, www.ppfotodesign.de

Bibliografische Information der Deutschen Nationalbibliothek
Die Deutsche Nationalbibliothek verzeichnet diese Publikation in der Deutschen Nationalbibliografie; detaillierte bibliografische Daten sind im Internet über http://dnb.dnb.de abrufbar.

Gesamtherstellung: Husum Druck- und Verlagsgesellschaft
Postfach 1480, D-25804 Husum – www.verlagsgruppe.de

ISBN 978-3-96717-144-0

Inhalt

I. Vorwort

Dieses Buch ist ein Risiko. Nein, nicht für Sie, liebe Leserinnen und Leser, sondern für mich. Denn wenn man als Staatsrechtler und Verwaltungswissenschaftler über völlig verschiedene und auf den ersten Blick fachfremde Themen schreibt, macht man sich angreifbar, kann möglicherweise Fehleinschätzungen unterliegen. Auf der anderen Seite: Ich bin überzeugter Schleswig-Holsteiner, das Schicksal dieses schönen, traditionsreichen Landes und die Zukunft meiner Kinder sind mir nicht egal. Und Staatsrechtler müssen sich ohnehin mit allem Lebenssachverhalten am Maßstab der Verfassung auseinandersetzen. Außerdem: Lebt eine Demokratie nicht davon, dass möglichst viele Menschen ihre Ideen in den öffentlichen Diskurs, in die politische Meinungs- und Willensbildung einbringen? Also versuche ich mich als Publizist im bestgemeinten Sinne. Denn die Gestaltung der Zukunft ist nicht allein Sache der Politik. Art. 21 Abs. 1 S. 1 GG bestimmt: „Die Parteien wirken bei der politischen Willensbildung des Volkes mit." Sie wirken eben nur *mit*, haben aber nicht das Monopol der Zukunftsgestaltung. Und auch „zuständige Behörden" scheiden als Alleingestalter der Zukunft aus, denn: Welche Behörde ist für Zukunft zuständig? Diese Zuständigkeit ist regelmäßig in Bundes- und Landesregierungen nicht vergeben. Vielmehr ist die Gestaltung der Zukunft eine Angelegenheit von uns allen, einer aktiven Gesellschaft freier Bürgerinnen und Bürger.

Noch etwas hat mich ermutigt, dieses Buchprojekt anzugehen: die schlechte Stimmung in Deutschland. Erst kam Corona, dann Russlands Überfall auf und der völkerrechtswidrige Krieg gegen die Ukraine, dann die Energieknappheit, und alles wird flankiert von den ersten Auswirkungen eines von Menschen gemachten Klimawandels sowie zahlreicher anderer politischer, wirtschaftlicher und gesellschaftlicher Unsicherheiten. Und ganz aktuell erleben wir das Wiederaufflammen des Nahost-Konflikts als Folge des barbarischen Hamas-Überfalls auf Israel. Die Erkenntnis aus all diesen Krisen ist, dass wir erhebliche strukturelle Defizite, Verkrustungen in Entscheidungsstrukturen aufweisen und in den vergangenen Jahrzehnten auch erhebliche politische Fehler begangen haben. Da kann der Staatsrechtler und Verwaltungswissenschaftler mit einigen Ideen vielleicht doch helfen. Darüber hinaus folgt die Legitimation zur Beschäftigung mit den hier erörterten Themen auch daraus, dass das Glück der Bevölkerung die Integration und den Zusammenhalt der Menschen als (soziologisch) Gesellschaft und (staatstheoretisch) als Volk bewirkt – eine Grundbedingung für einen funktionierenden Staat. Vor allem geht es mir in den meisten Fällen um Reformbedarf im Verhältnis zwischen Staat und Gesellschaft – und damit um die Akzeptanz von Staatsgewalt, letztlich also auch um die Legitimität unseres Gemeinwesens. Und damit darf sich ein Staatsrechtler dann doch beschäftigen …[1]

Angesichts all der Krisen geht es mir um das positive Denken, das wir zur Zukunftsgestaltung benötigen. Nach Corona und Kriegsdepression sollten wir mit frischem Mut die Probleme unserer Gesellschaft angehen und lösen. Darüber müssen wir sprechen – und deshalb ist dieses Buch eine Diskussionsanregung für Politik, Verwaltung und vor allem eine aktive Bürgergesellschaft. Zu solchen gesellschaftlichen politischen Diskussionen gehören Kritik und Widerspruch, die ich – wenn sie sachlich vorgetragen werden – sehr schätze.

Entstanden ist mit diesem Buch auch ein kleiner „Fürstenspiegel" – das waren die von Wissenschaftlern verfassten Anleitungsbücher zum guten Regieren, geschrieben für Regenten in vormodernen Zeiten.[2] Ein Fürstenspiegel zwang zum Reflektieren und Diskutieren – schließlich waren es öffentlich gegebene Ratschläge. So etwas haben wir m. E. auch heutzutage wieder nötig, da viele politisch-mediale Diskurse in sehr eingefahrenen, meist nicht ergebnisoffenen Bahnen oder gleich in digitalen „Filterblasen" stattfinden. Alle Fürstenspiegel waren Anleitungen zum glücklichen Leben der Menschen und der daraus folgenden Akzeptanz des Volkes. Und Schleswig-Holstein hat nun einmal seit vielen Jahren die glücklichsten Menschen in Deutschland.

Ansatz und Zielpunkt dieses Buches ist daher das Glück: Die Menschen streben nach Glück, Glückseligkeit – und damit beschäftigen sich

Philosophie und Staatlehre seit Aristoteles.[3] Seit über 2.500 Jahren beschäftigt sich die Philosophie mit der Frage und der Suche nach Glück, ohne jemals zu einer einheitlichen Auffassung gelangt zu sein.[4] Die Aktualität der Frage nach dem Glück und – untrennbar damit verbunden – nach dem Sinn des Lebens zeigt sich an der Vielzahl von Glücks- und Lebensratgebern, die ein offenbar gestiegenes Bedürfnis an Orientierung und Sinnstiftung belegen. In der Regel gehen sie aber über die Erkenntnisse der griechischen Philosophen nicht hinaus, erreichen sie vielmehr in den meisten Fällen nicht einmal.[5] Dies soll hier anders sein: Ich biete Ihnen einen bunten Strauß von Vorschlägen, die mindestens zum Nachdenken anregen, bei ihrer Umsetzung vielleicht sogar unmittelbar Glück erzeugen. Das Buch liefert also Denkanstöße, meist auch Lösungsansätze für alle gesellschaftlichen Bereiche, wenn sie vielleicht auch nicht immer schon perfekt sein mögen. Fakten, Aussagen anderer und Thesen sind selbstverständlich mit Nachweisen belegt – da kann ein Wissenschaftler nicht aus seiner Haut. Wen also weiterführende Hin- und Nachweise interessieren, der möge die Endnoten zu Rate ziehen.

Im ersten Schritt führe ich eine Bestandsaufnahme durch, um auf deren Basis einige pointierte Vorschläge zu unterbreiten, wie wir in Schleswig-Holstein auch 2030 noch die glücklichsten Menschen Deutschlands sein können. Im Anschluss beschäftige ich mich dann mit 26 glücksrelevanten Themen von A – Z, die sehr konkret Handlungsoptionen und Lösungsvorschläge präsentieren. Angesichts unserer heutigen gesellschaftlichen Aufgeregtheit sei darauf hingewiesen, dass bei einigen Themen ein Augenzwinkern mitgedacht werden muss.

II. Einige Gedanken zur Zukunft des schönsten Bundeslandes

1. Einführung

Seit 2013 leben die glücklichsten Menschen in Deutschland in Schleswig-Holstein. Auch wenn während der Corona-Pandemie das „Glücksgefühl" nachgelassen hatte, so bekleidet auch im Jahr 2022 Schleswig-Holstein den Spitzenplatz von allen Bundesländern. Bayern belegt Platz 2, und unser Nachbar Mecklenburg-Vorpommern ist in der jüngsten Erhebung Schlusslicht.[6] Die Rede ist von dem sog. „Glücksatlas", der bis 2021 von der Deutschen Post AG, nunmehr von der Süddeutschen Klassenlotterie in Verbindung mit Wissenschaftlern (Universität Freiburg i. Br.) jährlich herausgegeben wird. In philosophischer Hinsicht hat Glück als Glücksgefühl seine Ursache allerdings weniger in den Glücksgütern, die nicht notwendig zu Glücksgefühlen führen, sondern in der eigenen Glücksfähigkeit, die von äußerem Besitz und Schicksal weitgehend unabhängig ist und auch durch das Streben nach Glücksgütern nicht erreicht wird.[7] Deshalb räumt auch einer der Autoren des Glücksatlas, *Bernd Raffelhüschen*, ein, dass man besser von einem „Zufriedenheitsatlas" sprechen müsse, weil es für die Zufriedenheit nachweisbare Gründe, mithin Glücksgüter, gibt.[8] Die regionalen Zufriedenheitsindikatoren im Glücksatlas 2019 etwa waren Demografie und Alter, Gesundheit, Einkommen und Armut, Beschäftigung und Arbeitslosigkeit, Wohnen und regionale Attraktivität sowie Umfrageergebnisse zu Zufriedenheit mit Leben, Wohnung und Freizeit, Arbeit, Gesundheit sowie Haushaltseinkommen.[9] Immerhin können wir dann für Schleswig-Holstein ein großes Maß an Zufriedenheit in Schleswig-Holstein feststellen, auch wenn wir nach philosophischen Begriffen deshalb noch nicht automatisch die glücklichsten Menschen sind.

Doch Vorsicht! Zufriedenheit verleitet bekanntlich zu Bequemlichkeit, und in der Politik führt Bequemlichkeit zu Reformstau. Insoweit dient

gerade die Corona-Pandemie als Katalysator für die Realisierung von Gefährdungen, die unserer Zufriedenheit im Jahre 2030 drohen. Hinzu kommt, dass Fortuna launisch ist[10], daher können wir uns auf dem Glück nicht ausruhen.
Nachfolgend werde ich eine kurze Bestandsaufnahme vornehmen, in der die „Baustellen" für eine glückliche Zukunft verdeutlicht werden sollen. Der Schwerpunkt dieses Kapitels wird dann im 3. Teil liegen: Was ist zu tun? Hier werde ich – vornehmlich aus Sicht des Staats- und Verwaltungswissenschaftlers – sieben Handlungsfelder benennen, auf denen wir m. E. tätig werden *müssen.* Pars pro toto werde ich diese Handlungsfelder dann mit drei konkreten Vorschlägen aus der Vorschlagssammlung A – Z, die den größten Teil dieses Buches einnimmt, illustrieren.

2. Bestandsaufnahme 2023

Wenn wir uns in unserer Gegenwart umschauen, so entdecken wir durchaus zahlreiche Bedrohungen für unser Glücklichsein im Jahre 2030.

a) Corona-Pandemie

Vor kurzem hat uns die Corona-Pandemie weltweit die Verletzlichkeit von Staat und Gesellschaft gezeigt. Wir hatten uns gerade in einem langwährenden wirtschaftlichen Aufschwung und mit gut gefüllten öffentlichen Kassen gemütlich eingerichtet, als „das Virus" die Resilienz unserer Staats-, Wirtschafts- und Gesellschaftsordnung herausforderte. Auch wenn wir in Deutschland insgesamt recht gut durch die Krise gekommen sind, so werden doch zahlreiche Verhaltensweisen des gesellschaftlichen Lebens auf den Prüfstand gestellt. „Das Ende der Illusionen"[11] heißt das neueste Buch von *Andreas Reckwitz,* mit dem namhafte Politiker sich gerne sehen lassen, und der Titel trifft ganz gut die gesellschaftliche Stimmungslage am Ende der Pandemie. Von digitalem Schulunterricht über fehlendes Klinikpersonal bis hin zu Versorgungsengpässen bei medizinischen Gütern, um die Themen Impfchaos, Toilettenpapier, Mehl und Hefe hier auszusparen, reicht die Bandbreite der offenbarten Schwachstellen.

b) Da war noch was ... – die verdrängten Probleme

Die Pandemie war in den Mittelpunkt des medialen, politischen und gesellschaftlichen Bewusstseins gerückt und ist dann fast nahtlos von dem völkerrechtswidrigen, äußerst brutalen russischen Angriffskrieg gegen die Ukraine mit all seinen Folgeproblemen abgelöst worden, so dass die natürlich begrenzte Aufmerksamkeit des Menschen nicht mehr für die anderen Probleme ausreicht, die vor der Pandemie auch schon da waren. Genannt sei etwa der Klimawandel bzw. nicht ausreichende Klimaschutz, der nicht nur eine Vielzahl von Menschen umtreibt, sondern weltweit in seinen ersten Auswirkungen spürbar ist. So schön es im Land zwischen den Meeren ist – die Meere können durchaus auch wieder zur existenziellen Bedrohung für viele Schleswig-Holsteiner werden.
Erinnert sei auch an die Digitalisierung, die in Corona-Zeiten durchaus segensreich das Funktionieren von Gesellschaft, Wirtschaft und Politik ermöglicht hat. Die Digitalisierung hat aber auch eine sehr grundsätzliche Wirkung, auf die Staat und Gesellschaft in Deutschland noch nicht ansatzweise ausreichend vorbereitet sind. Der französische Philosoph *Michel Onfray* hat sich in seinem jüngsten Werk „Niedergang" gerade auf die Digitalisierung bezogen: „Die Technologie ersetzt den irdischen Raum und die irdische Zeit durch den virtuellen Raum und die virtuelle Zeit, durch reine Präsenz und Unmittelbarkeit. Bereits heute leben die über technische Netzwerke miteinander verbundenen Monaden in der Illusion, Teil einer Gemeinschaft zu sein. Wir sind mit der ganzen Welt verbunden und doch unfähig, auf authentische Weise in der Welt präsent zu sein – wir sind virtuell überall, in Wirk-

lichkeit aber nirgends. Zwei Verliebte, die zusammen an einem Tisch in einem Restaurant sitzen und auf ihre Mobiltelefone blicken, sind schon nicht mehr zusammen, sondern bei Dritten - anderen Menschen, Zeiten oder Räumen".[12] Die dystopische Schlussfolgerung von *Onfray*, dass Menschheit, christlich-abendländische Kultur und Gesellschaften an dieser neuen Technologie zugrunde gehen, teile ich nicht – die Dimension der Bedrohung hingegen schon.
Ebenfalls wegen Corona hintangestellt haben wir gesellschaftliche Wertedebatten, die wir für unser weiteres friedliches Zusammenleben dringend führen müssten. Und schließlich sind Funktionsverluste von Staatlichkeit, die wir bei der Bewältigung von Migration und Zuwanderung oder im Bereich der Bildung erleben, gerne ausgeblendet worden.[13]

c) Schwindende Legitimität der Staatsgewalt

Soziologisch stellt sich die Legitimität der Staatsgewalt als Akzeptanz staatlicher Maßnahmen durch die Herrschaftsunterworfenen dar. Auch diesbezüglich steht es aktuell nicht zum Besten: Der Widerstand gegen staatliche Bekämpfungsmaßnahmen im Rahmen der Corona-Pandemie ist ein Beispiel. Ebenso nimmt die Zahl von Reichsbürgern und den Staat ablehnenden Verschwörungstheoretikern zu – Corona war auch insoweit offenbar Katalysator, aber vielleicht hat das Virus ja auch bestimmte Denkfunktionen ausgeschaltet. In diesem Kontext müssen aber auch rechts- wie linksextreme Netzwerke in Parteien und staatlichen Institutionen besorgt machen. Der Austausch fast aller Geheimdienstspitzen binnen kurzer Zeit mag insoweit ein Anzeichen politischer Nervosität sein. Noch gravierender sind die die zum Teil unverhohlenen Aufrufe zum Umsturz des demokratischen Regierungssystems mit Gewalt, wie es in Baden-Württemberg durch einen Landtagsabgeordneten der AfD geschehen ist oder von – zum Glück enttarnten – Kriminellen, aber politisch motivierten Organisationen und digitalen Zusammenschlüssen geplant wurde.

Legitimität wird, seit es Staaten gibt, vor allem aber durch die gute Erfüllung der dem Staat gesetzten Aufgaben bewirkt. Insoweit muss vor allem die Überforderung des Staates in vielen Bereichen Sorge bereiten. Dies gilt vor allem für den Bereich der Digitalisierung, denn private Anbieter im Internet verfügen mittlerweile über ein viel höheres Maß an Informationen als der Staat, wodurch seine Rolle als Informationsgarant ins Wanken gerät. Durch die Überforderung des Staates leidet aber auch die Glaubwürdigkeit des Staates. Gerade auf die digitalen Herausforderungen ist der Staat mit seinen Institutionen noch nicht ansatzweise vorbereitet – hier bedarf es intensiver Anstrengungen und Anpassungen.

d) Verschärfung der Überforderung

Es besteht allerdings die Gefahr, dass sich in den nächsten Jahren und Jahrzehnten die Überforderung des Staates noch verschärfen könnte, weil die finanziellen Ressourcen schwinden. Seit 2009, also mit Einführung der Schuldenbremsen im Bund und in den Ländern sowie einer entsprechenden Konsolidierungspolitik, hatte sich die Finanzlage der öffentlichen Haushalte in Deutschland erheblich verbessert. Die „schwarze Null" ist ein nur bedingt zutreffendes, aber wirkmächtiges Bild geworden. Diese verbesserte Finanzlage, die allerdings nichts an den erheblichen Altschulden bewirkt hatte, wird nun durch die massive, in dieser Höhe noch nie vorgekommene Neuverschuldung über den Haufen geworfen. Der Bund hat 2020 zusätzlich 218,5 Milliarden Euro neue Schulden aufgenommen, bei Gesamtausgaben des Bundes in Höhe von 509,3 Milliarden Euro. Für das Jahr 2021 waren erneut gut 240 Milliarden Euro neue Schulden vorgesehen. Und der Schleswig-Holsteinische Landtag hat im Oktober 2020 einen Notkredit in Höhe von 5,5 Milliarden Euro beschlossen – darauf haben sich die Fraktionen des Landtages und der SSW verständigt. Mit dem Haushalt 2021, der am 24.02.2021 verabschiedet wurde, ist eine Milliarde aus diesem Notkredit zur Verschuldung hinzugekommen.[14] So richtig die Aussage

sein mag, dass man gegen eine Krise nicht ansparen könne, so falsch ist es aber, die jetzigen Maßnahmen ohne eine Folgenbetrachtung vorzunehmen. Vor allem nutzt die Politik die aktuelle Lage und das Brechen finanzieller Schutzdämme zugleich für das „Abräumen" von Problemen wie dem kommunalen Finanzausgleich, der ebenfalls schon vor der Corona-Krise als Problem existent war. Es droht die Gefahr, dass die verfassungsrechtliche Schuldenbremse ihre Wirksamkeit dadurch dauerhaft einbüßt, dass die für eine Zwei-Drittel-Mehrheit erforderliche Mitwirkung der Opposition durch eine noch höhere Neuverschuldung „erkauft" wird. Durch diese Mitwirkung fehlt es dann in der Regel auch an Klägern, die vor den Verfassungsgerichten die Einhaltung der Schuldenbremse anmahnen könnten. Das nächste Beispiel ist der Ukraine-Notkredit, der dann für Maßnahmen, die dem Klimaschutz dienen, zweckentfremdet werden soll.
Gleichzeitig erleben wir eine Renaissance der Staatswirtschaft. Schon in der Finanzkrise ist der Staat im Banken- und Finanzsektor unternehmerisch aktiv geworden, und jetzt haben wir es im Zuge der Corona-Pandemie in weiten Teilen der Wirtschaft von der Lufthansa bis zur Impfstoffproduktion erlebt. Auch hier hat man nicht den Eindruck, dass Ordnungspolitik noch eine Rolle spielt. Damit wird allerdings auch ausgeblendet, dass die Geschichte schon gezeigt hat, dass der Staat eben nicht immer der bessere Unternehmer ist. Tendenziell führt dann auch dieses Engagement zu einer Verschärfung der Überforderung des Staates.

e) Schwinden demokratischer Voraussetzungen

Die Kennzeichnung unserer Epoche wird wie immer erst die Nachwelt verbindlich vornehmen. Allerdings ist unser aktueller Zustand von *Colin Crouch* aus politikwissenschaftlicher Perspektive als „Postdemokratie" beschrieben worden. Kennzeichnend für diese Postdemokratie soll sein, dass Institutionen und Verfahren zwar noch bestehen, inhaltlich aber ausgehöhlt und entleert sind. Staat und Politik erschöp-

fen sich in formalistischen Verfahren, ohne noch inhaltliche Legitimität bewirken zu können. Vielmehr bleiben Vitalität und Innovationskraft des demokratischen Staates und seiner Gesellschaft auf der Strecke.
Mir scheint diese Analyse zutreffend zu sein, hinzu kommt aber noch als viel dramatischere Entwicklung, dass zentrale Grundvoraussetzungen für die parlamentarische Demokratie mittlerweile fehlen. Gemeint ist die demokratische Öffentlichkeit, die sich augenscheinlich in einem völlig neuen Strukturwandel befindet angesichts elektronischer Medien, des Internets und sozialer Netzwerke. Digitale Medien und soziale Netzwerke verändern diese Öffentlichkeit und die Möglichkeit des Entstehens einer relevanten öffentlichen Meinung in existenzieller Weise. Gleichzeitig verlieren die „klassischen" Medien wie Zeitung und Fernsehen dramatisch an Nutzern und werden zur Herstellung der Öffentlichkeit zunehmend obsolet. Es entsteht eine Vielzahl partikularer, segregierter Öffentlichkeiten, die zudem von ausländischen privaten Konzernen ermöglicht, beeinflusst und kontrolliert werden.

f) Die Welt außerhalb Schleswig-Holsteins und Deutschlands

Damit ist der Blick bereits über die Grenzen gerichtet: Die ganze Welt verändert sich in rasanter und zum Teil dramatischer Weise, so dass Stillstand Rückschritt bedeutet – oder, noch schlimmer, Wehrlosigkeit gegenüber diesen Veränderungen. Binnen kurzer Zeit ist etwa das System des weltweiten Freihandels massiv beeinträchtigt, in Teilen sogar aufgegeben worden. Insbesondere die amerikanische Position zum Freihandel hat sich unter Präsident Trump diametral verändert; wie lange die „Atempause" unter Präsident Biden andauert, ist ungewiss. Weltweit nimmt auch der Populismus zu, und populistische Parteien und Personen übernehmen Verantwortung in immer mehr Staaten. Dies geht einher mit der Verbreitung von Lügen, „Fakenews" und der Manipulation der öffentlichen Meinung. Und schließlich sind auch Demokratie und Rechtsstaat auf dem Rückzug, selbst in der Europäischen Union. Die Maßnahmen des polnischen Staates zur Ausschaltung einer unabhängigen Justiz machen besorgt und fassungslos.

3. Was ist zu tun? Wege zu einem glücklichen Schleswig-Holstein 2030

Die gravierenden Umfeldbedingungen geben Anlass, über die zukünftige Gestalt von Staat und Gesellschaft zu diskutieren und Modernisierungsschritte in Angriff zu nehmen.

a) Wichtige Handlungsfelder und neue Lösungen

Die Bestandsaufnahme unserer Gegenwart hat gezeigt, dass wir ohne Weiteres nicht davon ausgehen können, dass wir auch im Jahr 2030 noch überdurchschnittlich zufrieden und damit die glücklichsten Menschen in Deutschland sein werden. Das Glück will erarbeitet werden, Fortuna ist mit denen, die selbst anpacken und Taten zeigen. Angesichts der Vielzahl möglicher Felder will ich meinen Schwerpunkt in diesem Kapitel bei dem Staat und den von ihm zu beeinflussenden Rahmenbedingungen setzen.

(1) Legitimität der Staatsgewalt sichern

Gerade mit Blick auf die Umfeldveränderungen jenseits der deutschen Landesgrenzen muss es erste Aufgabe des Staates sein, die Legitimität seiner Herrschaftsgewalt zu sichern. Und dies gilt nicht nur abstrakt für den Gesamtstaat, sondern ganz konkret auch für die Verfassungsorgane des Landes Schleswig-Holstein, das ein eigenständiger Staat ist. Dazu gehört dann zunächst einmal, dass das Land seine Lebens- und Überlebensfähigkeit sichert. In finanzieller Hinsicht bedeutet

dies, die explosionsartige Zunahme der Verschuldung in den Griff zu bekommen und den Staatsbankrott, den wir in früheren Jahrhunderten auch in Schleswig-Holstein bereits mehrfach erlebt haben, zu vermeiden. Die Sicherung der Legitimität gelingt der Schleswig-Holsteinischen Staatsgewalt vor allem aber auch dadurch, dass sie die ihr gesetzten Aufgaben bestmöglich erfüllt, das Wohl der Bürgerinnen und Bürger erhält oder gar vermehrt und ihre eigene Überforderung vermeidet. Die Überforderung droht immer dann, wenn das Land sich zu viele Aufgaben aufhalst und diese mit den verfügbaren Ressourcen letztlich gar nicht mehr alle gut erfüllen kann. Dann ist es allerhöchste Zeit für eine neue Aufgabenkritik, die zu Beginn des neuen Jahrtausends eingehend vorgenommen, dann aber nur unzureichend in die Praxis umgesetzt wurde.
Der Legitimitätssicherung dient es auch, wenn das Land (viel) besser in der digitalen Welt wird. Hier reichen die Herausforderungen von besseren Verwaltungsangeboten (E-Government) über effektive Strafverfolgung in virtuellen Räumen bis hin zu einem verlässlichen staatlichen Informationsangebot in digitalen Räumen. Angesichts der Vielzahl von virtuellen Quellen, deren Qualität die Bürgerinnen und Bürger gar nicht einschätzen können, wird der staatlichen Informationsverantwortung im Jahre 2030 noch viel mehr Bedeutung als heute zukommen.

(2) Neue Arbeitsteilung von Staat, Wirtschaft und Gesellschaft

Gerade die neuen Herausforderungen und Aufgaben in digitalen Räumen führen aber aktuell und vermutlich noch auf lange Zeit zu einer drohenden Überforderung des Staates. Diese Aufgaben sind heimlich, still und leise zu den jetzt schon alle finanziellen Ressourcen erfordernden Aufgaben in der realen Welt getreten. Es liegt auf der Hand, dass das Land Schleswig-Holstein nicht alle diese Aufgaben selbst wird erfüllen können; dafür fehlen allein schon die finanziellen und die personellen Ressourcen. Nebenbei sei daran erinnert, dass nämlich auch

der Fachkräftemangel sich in Corona-Zeiten nicht automatisch erledigt hat.
Es bedarf also eines neuen arbeitsteiligen Zusammenwirkens von Staat, Wirtschaft und Gesellschaft, wobei wir uns dabei von den sehr starren Möglichkeiten des letzten Jahrhunderts lösen müssen. Der Weg darf nicht zurück in eine ideologisch geführte Auseinandersetzung pro und contra Privatisierung, pro und contra öffentlich-private-Partnerschaften oder ähnliches führen. Auch hier bewirkt nämlich die Digitalisierung ganz neue Möglichkeiten der Arbeitsteilung, die der Staat bislang völlig unzureichend nutzt. Es bedarf künftig vielmehr eines netzwerkartigen Zusammenwirkens des Landes und seiner Behörden sowie der Kommunen mit Unternehmen, Vereinen, Genossenschaften oder anderen gesellschaftlichen Gruppen. Für die Staatlichkeit ist die Steuerungsverantwortung entscheidend, die aber nicht die eigene Verfügbarkeit sämtlicher Ressourcen verlangt. Gerade die Digitalisierung hat der Wirtschaft den Blick dafür geöffnet, dass Arbeitsprozesse modulartig zerlegt und mithilfe der jeweils besten Akteure neu zusammengesetzt werden können. Dies kann, muss und sollte aber nicht dazu führen, dass wesentliche Module nach China verlagert werden, so dass in Krisenzeiten bestimmte Produkte oder Dienstleistungen nicht erbracht werden können. Das Netzwerkdenken ermöglicht es dem Land und den Kommunen aber, personelle Ressourcen, Kapital und Knowhow in die Aufgabenerledigung einzubinden. Dabei bedarf es selbstverständlich problemadäquater Lösungen, die zwischen Stadt und Land differenzieren können und müssen. So gibt es auch in Schleswig-Holstein das Beispiel einer „Verwaltung aus der Ferne", bei der eine hauptamtliche Verwaltung nicht angrenzende ehrenamtlich verwaltete Gemeinden mithilfe digitaler Technik verwaltet. Die Gemeinden gehören noch nicht einmal demselben Kreis an, so dass hier die klassischen Raumvorstellungen auch bereits bei einem realen Projekt überwunden sind. Wenn man diese Möglichkeit weiterdenkt, so tun sich ganz neue Möglichkeiten effektiver Verwaltung ohne die klassische Raumbindung auf. Damit erschließen sich ganz neue Potentiale für Verwaltungsstrukturreformen, ohne dass die bekannten

örtlichen Ansprechpartner vor Ort deswegen abgeschafft werden müssten – und auch nicht abgeschafft werden sollten, denn menschliche Ansprechpartner vor Ort sind für die Akzeptanz staatlicher und kommunaler Verwaltung von unverzichtbarer Bedeutung. Diese Potentiale wird man 2030 auch genutzt haben, um die bis dahin weiter angewachsenen staatlichen Aufgaben bei begrenzten finanziellen und personellen Ressourcen effektiv und qualitativ hochwertig erledigen zu können (→ Verwaltungsmodernisierung).

Damit 2030 gut wird, benötigen wir auch eine wirtschaftspolitische, vor allem ordnungspolitische Sinnschärfung. Staat und Wirtschaft müssen wieder in eine vernünftige Balance kommen, die aktuelle „Der Staat wird es schon richten"-Mentalität hindert auf Dauer wirtschaftliche Freiheiten und damit auch die Innovationskraft von Wirtschaft und Gesellschaft. Angesichts der Erfahrungen der Jahre 2020/21 mit Pandemie-Bedingungen, dem Rückgang weltweiten Freihandels und den ökologischen Herausforderungen wird man nicht mit den wirtschaftswissenschaftlichen Ideen des Jahres 2020 weitermachen können. So ist das als Zukunft gepriesene Modell der Shareconomy in Corona-Zeiten plötzlich unattraktiv geworden – schon aus Hygienegründen möchte kaum jemand Autos oder andere Gegenstände mit anderen teilen. Bei näherem Hinsehen zeigt sich auch, dass derartige Gedanken in extrem verdichteten Großstädten interessant sein mögen, im ländlichen Raum aber kaum wirtschaftlich realisiert werden können.

Darüber hinaus bedarf es gerade für die Probleme der ländlichen Räume, die zusätzlich zu den genannten Problemen vom demografischen Wandel geprägt sein werden, neuer Gedanken, um Infrastrukturen und Daseinsvorsorge aufrecht zu erhalten. Ein solcher Gedanke, der im Jahr 2030 dann in Schleswig-Holstein realisiert sein wird, ist die → öffentlich-rechtliche Genossenschaft. In ihr können staatliches und privates Kapital, staatliche und private Träger sowie staatliches und privates Knowhow zusammenarbeiten. Die Anwendungsfelder reichen von medizinischen Versorgungszentren, die von der Gemeinde gemeinsam mit Ärzten, Apothekern und Physiotherapeuten getragen werden, bis hin zu Kindertagesstätten, örtlichen Energieversorgern mit angeschlossenen Wind- und Solarparks bis hin zu Nahversorgungszentren unter Beteiligung von Gemeinde- oder Amtsverwaltungen, Lebensmittelmarkt und Sparkasse. Warum es im Jahr 2021 all dies noch nicht gegeben hat? Ganz einfach, es fehlte die Rechtsform für ein derartiges Zusammenwirken. Im Jahr 2021 hat der schleswig-holsteinische Gesetzgeber die öffentlich-rechtliche Genossenschaft gesetzlich erlaubt, und mithilfe dieser neuen Rechtsform ist geradezu ein wirtschaftlicher Boom im ländlichen Raum entstanden. Unternehmer, aber auch Ärzte und Apotheker konnten und wollten das wirtschaftliche Risiko einer Alleinexistenz auf dem Lande nicht eingehen; die Synergien mehrerer privater Träger mit staatlichen Aufgaben und staatlichem Kapital ermöglichen nun eine Daseinsvorsorge, von der die Bürgerinnen und Bürger in den ländlichen Gebieten Schleswig-Holsteins im Jahr 2021 nur geträumt hätten.

(3) Digitalisierung gestalten

Das Glück in Schleswig-Holstein liegt auch darin begründet, dass man bis zum Jahr 2030 die Digitalisierung erfolgreich gestaltet hat. Im Jahre 2023 hat man auch in der Landespolitik begriffen, dass Digitalisierung kein unabwendbares Naturereignis, sondern ein von Menschen gemachtes Phänomen ist, das der rechtlichen Gestaltung zugänglich ist – dessen rechtliche Gestaltung allerdings auch erforderlich ist! Auch wenn die Lobbyisten einer unbegrenzten Digitalisierung anderes Glauben machen wollen, so können auch digitale Räume in Ausübung staatlicher Souveränität[15] rechtlich gestaltet und so beherrschbar werden, auch wenn diese digitalen Räume natürlich unsere territorialen Räume überwölben und nicht an nationalen Grenzen Halt machen. Aber die Beispiele der Atomkraft oder der Gentechnologie haben bewiesen, dass Herausforderungen, die ebenfalls nicht an Grenzen Halt machen, sehr wohl mithilfe von Gesetzen und einem in der Verwaltung aufgebauten Knowhow beherrscht werden können. Der Landesregierung, aber auch weiten Bereichen der Gesellschaft ist bewusst geworden, was Algorithmen, künstliche Intelligenz und die Möglichkeiten der Digitalisierung mit der Gesellschaft, dem menschlichen Zusammenleben sowie den staatlichen Institutionen gemacht haben. Vielen Menschen war ebenfalls nach wie vor nicht bewusst, welche Abhängigkeiten mit der Nutzung digitaler Medien entstehen. So greifen bei einer beliebten Wetter-App bis zu 500 Firmen auf das Gerät des Nutzers zu und beobachten fortan sein Nutzerverhalten, seine Interessen und Vorlieben. Und die gerade in der Corona-Pandemie verstärkt genutzten Videokonferenzsysteme speichern biometrische Daten, Stimmen und üben sich in Gesichtserkennung. Zugleich können diese Systeme unter Umständen auf Geräte im Umfeld zugreifen oder sogar zur Raumüberwachung eingesetzt werden. Und spätestens mit dem Siegeszug von ChatGPT, einer für Beruf und Alltag tauglichen künstlichen Intelligenz, entstehen nicht nur Ängste bezüglich des Verlustes des Arbeitsplatzes, sondern auch die Sorge um die Entmündigung und den Verlust der Selbstbestimmung der Menschen. All diese Beispiele zeigen, dass das Glück im Jahre 2030 auch von einer staatlichen → Algorithmenbeherrschung abhängt.

Im Jahr 2030 kann man in Schleswig-Holstein nicht nur all seine Verwaltungsgeschäfte digital komfortabel erledigen, sondern sich auch sonst sicher in digitalen Räumen bewegen. Das Erstere liegt daran, dass das Land mit einer aus digitalen und realen Elementen kombinierten Verwaltungsstrukturreform Ernst gemacht hat, bei der die Vorteile der Digitalisierung im Backoffice genutzt werden, während die Bürgerinnen und Bürger mit nur wenigen datensparenden Angaben ihre Verwaltungsgeschäfte im Internet oder bei örtlichen Ansprechstellen erledigen können. Das Vertrauen der Bürgerinnen und Bürger in die digitalen Räume ist darüber hinaus dadurch sichergestellt worden, dass das Land Schleswig-Holstein seine digitale Souveränität entdeckt und ernstgenommen hat. So wie wir seit Jahrhunderten das staatliche Gewaltmonopol als Ausdruck der inneren Souveränität zu schätzen wissen, weil es uns in der realen Welt ein Zusammenleben in Frieden und Freiheit ermöglicht, so sehr wissen wir im Jahre 2030 zu schätzen, dass der Staat dieses Gewaltmonopol nun (endlich) auch in digitalen Räumen ausübt. Der Einflüsterei von amerikanischen Großkonzernen, dass man das Internet und digitale Räume von Seiten der Nationalstaaten gar nicht regulieren könne, wird endlich kein Glauben mehr geschenkt, so dass die Bürgerinnen und Bürger wieder Vertrauen in die Rolle des Staates in digitalen Räumen erwerben konnten. Der Staat hat die → Algorithmenbeherrschung als Teil seiner Souveränität entdeckt.[16] Ein wesentlicher Schritt war die Einführung einer staatlichen Algorithmenkontrolle, mit deren Hilfe unzulässige Überwachungen und Einflussnahmen abgestellt werden konnten. Dem ist eine intensive ethische Diskussion vorausgegangen, die zunächst in einer speziellen Ethikkommission, dann aber auf einer breiten Basis im Parlament und in der Regierung geführt wurde. Am Ende der ethischen Überlegungen, in deren Mittelpunkt die Menschenwürde als Fixpunkt einer anthropozentrischen Rechts- und Gesellschaftsordnung sowie als Fundament unserer Verfassung stand, ist mithilfe von zahlreichen Gesetzen und einigen verfassungsrechtlichen Klarstellungen der Schutz der Privatheit neu vermessen und organisiert worden, nachdem man erkannt hatte, dass datenschutzrechtliche Regelungen allein dafür nicht genügen. Mit diesem Thema ist es der Politik im Übrigen auch gelungen, zahlreiche junge Menschen für die vorangegangenen ethischen Diskussionen und politischen Debatten zu interessieren und am Ende zu begeistern. Seitdem sind die Schleswig-Holsteinerinnen und Schleswig-Holsteiner 2030 auch in digitalen Räumen die glücklichsten Menschen.

(4) Bildung

Die Zähmung des Digitalen war allerdings ein hartes Stück Arbeit, denn neben den geschilderten Maßnahmen bedarf es für alle Beteiligten dabei einer fundierten Bildung. Deshalb war auch die Bildungsreform der 20er Jahre ein ganz wesentlicher Meilenstein auf dem Weg zum Glück des Jahres 2030, indem in den Mittelpunkt der schulischen Ausbildung die Befähigung zur Zukunftsgestaltung und zur Informationsbewertung sowie Quellenprüfung gerückt wurde. Man hatte erkannt, dass es wichtiger war, sich mit der zeitlosen Debatte über den freien Willen, die schon Erasmus von Rotterdam und Martin Luther geführt hatten, zu beschäftigen als mit einer Flut von Detailwissen, das meist schon zum Zeitpunkt des schulischen Unterrichts veraltet war. Nach dem Digitalpakt 2020 hatte man auch schnell erkannt, dass die Anschaffung von Endgeräten und der Ausbau schulischer W-Lan-Netze noch keine Lösung für die digitale Kompetenz waren. Vielmehr bedurfte es neuer Lehrpläne, intensiver Schulungen der Lehrerinnen und Lehrer sowie landesweit abgestimmter Konzepte für den digitalen Unterricht.

(5) Demokratievoraussetzungen sichern

Mit diesem völlig neuen Verständnis von digitalen Räumen ist es bis 2030 auch wieder gelungen, eine demokratische Öffentlichkeit als zentrale Gelingensvoraussetzung für parlamentarische Demokratie zu sichern bzw. neu zu schaffen. Man hatte verstanden, dass der „Strukturwandel der Öffentlichkeit", den es seit der Existenz von Herrschaftsorganisationen gibt, auch im demokratischen Verfassungsstaat des 20. Jahrhunderts nicht zu seinem Ende gekommen war, sondern weiter vorangeschritten war. Für die Weiterentwicklung der demokratischen Öffentlichkeit hatte man deshalb entsprechend dem öffentlich-rechtlichen Rundfunk und Fernsehen von Schleswig-Holstein aus die Initiative ergriffen, eine öffentlich-rechtliche demokratische Plattform im digitalen Netz bereitzustellen, auf der Parlamente, Regierungen, Politiker, Journalisten und Bürger kommunizieren konnten. Man war eben nicht länger bereit gewesen, die „Privatisierung" politischer Meinungsäußerungen über von privaten Torwächtern beherrschte „Sozial"-Netzwerke hinzunehmen. Auf diese Weise konnten die positiven Möglichkeiten der Digitalisierung genutzt werden, indem alle Bürgerinnen und Bürger relativ niederschwellig nun die Möglichkeit zum aktiven Einbringen, zu Meinungsäußerungen und zum politisch motivierten Zusammenschluss besaßen. Kombiniert war dies mit einer gut informierten demokratischen Öffentlichkeit, denn auch die klassischen Medien hatten ihre neue Rolle auf dieser Plattform gefunden.

(6) Keine Zukunft ohne Herkommen: gesellschaftlicher Zusammenhalt

2030 konnte man also stolz sein, was das kleine Schleswig-Holstein bundesweit so alles angestoßen hatte. Zugleich hatte man sich auf sein Herkommen besonnen, denn ohne Herkommen gibt es keine Zukunft. Aus diesem Grund hatte man sich in den 20er Jahren intensiv über die Landesidentität Gedanken gemacht. Eine jahrhundertelange, wechselvolle Geschichte, die friedliche Grenzziehung mit Dänemark im 20. Jahrhundert, der demokratische Neuanfang vor 75 Jahren (im Jahre 2021), eine stolze rechtsstaatliche und demokratische Tradition in Gestalt des Staatsgrundgesetzes (175. Jubiläum am 15.9.2023)[17], die Bewältigung der Kriegsfolgelasten, die Aufnahme von knapp einer Million Flüchtlingen und vieles mehr hatte an sich Spuren hinterlassen. Diese wurden durch zahlreiche aktuelle Probleme und vor allem durch eine fragwürdige kulturelle Identitätspolitik zunehmend verwischt. Auch deswegen hatte man in den 20er Jahren eine gesellschaftliche Debatte über die Landesidentität angestoßen, die von entsprechenden Informationen und Wissensvermittlungen, gerade auch im Bildungsbereich, flankiert wurden. So waren viele Schleswig-Holsteiner im Jahre 2023 überrascht, dass das Fundament deutscher Demokratie und Rechtsstaatlichkeit 1848 in Schleswig-Holstein mit erbaut wurde. Das „virtuelle Haus der Geschichte" tat ein Übriges, das Wissen der Schleswig-Holsteiner über ihre Heimat zu verbessern. Denn endlich bestand nun die Möglichkeit, die vielen dezentralen Museen und Orte der Geschichte miteinander zu vernetzen. Dieses Projekt war so erfolgreich, dass es auch zahlreiche Touristen nach Schleswig-Holstein lockte. Vor allem aber stärkte man mit dem besseren Wissen über das eigene Herkommen und die gemeinsame Geschichte die Landesidentität, die der Kitt, das Bindemittel ist, das aus Individuen ein Volk macht. Dabei ging es diesem schleswig-holsteinischen Volk nicht um eine Rückwärtsgewandheit oder Wiedererwärmung nationaler Gefühle, sondern um eine selbstbewusste, für die Zukunft und andere Völker offene Gesellschaft. Und für alle in jüngster Zeit Zugewanderten gab es endlich inhaltliche Orientierungspunkte für eine erfolgreiche Integration.

(7) Klimaschutz und Ökologie

Und last but not least hatte man sich in den 20er Jahren auch den ökologischen Herausforderungen der Zeit gestellt. Die Proteste von vielen jungen, aber auch immer mehr älteren Menschen hatten ihre politische Wirkung nicht verfehlt, und nach ersten aktionistischen Maßnahmen als Reaktion auf ein wegweisendes Urteil des Bundesverfassungsgerichts hatte man sich endlich mit einem ganzheitlichen Konzept den Herausforderungen gestellt. Hier ist natürlich nicht der Raum, um dieses sehr komplexe Konzept in seiner Gänze vorzustellen, doch sollen einige Bemerkungen nicht fehlen.

Zunächst hatte die Landesregierung es über den Bundesrat geschafft, das Erneuerbare Energien Gesetz so zu ändern, dass der fehlende Netzausbau und das dadurch bedingte Abschalten von Windrädern nicht mehr dazu führte, dass die schleswig-holsteinischen Stromkunden den höchsten Strompreis zahlen mussten, obwohl der Strom extrem kostengünstig produziert wurde. Die Kostenlast lag nun bei denjenigen, die den Netzausbau nicht schnell genug vorantrieben, wodurch auch der Netzausbau in Deutschland erheblich beschleunigt wurde. So konnte Schleswig-Holstein seine Stärken voll ausspielen: Wind, Sonne und Wasser konnten nun richtig für Landwirtschaft, Industrie, Tourismus, Infrastrukturen und Versorgung genutzt werden. Schleswig-Holstein war schon Mitte der 20er Jahre ein völlig autarkes Land, was die Energieversorgung anging. Vielmehr erzielte man derartige Energieüberschüsse, dass nun auch die Wasserstoffindustrie einen massiven Schub bekam und man in Schleswig-Holstein nicht nur zahlreiche Pilotprojekte durchführen konnte, sondern längst in den Regelbetrieb übergegangen war und in vielen Bereichen eine CO_2-Neutralität ermöglicht hatte. Gleichzeitig hatte man die Abhängigkeit von Gaslieferanten erst erheblich reduziert und 2030 endgültig beendet – der russische Überfall auf die Ukraine und die westlichen Sanktionen hatten diesen Prozess erheblich beschleunigt. All dies war natürlich nicht möglich ohne ein stark verändertes Verbraucherverhalten, für das aber nicht nur finanzielle Anreize, sondern vor allem eine landesweit anzutreffende Überzeugung grundlegend war. Es versteht sich von selbst, dass all dies auch nicht ohne eine grundlegende Neuorientierung der → Landwirtschaft möglich war. Auch auf bäuerlicher Seite hatte man begriffen, dass nicht mehr der Welthandel im Fokus stehen sollte, da man viel zu abhängig von nicht beeinflussbaren weltpolitischen Gegebenheiten war, und im Übrigen durch die intensive Wirtschaftsform die natürlichen Lebensgrundlagen in Schleswig-Holstein zerstörte. Vielmehr stand die Ressourcenschonung nun im Mittelpunkt, so dass auch viel weniger Gift eingesetzt werden musste. Man besann sich auf die schon Karl dem Großen bekannten Vorzüge der Drei-Felder-Wirtschaft, anstatt die Böden mit Maisanbau auszulaugen, mit Gülle das Grundwasser zu verseuchen; man besann sich darauf, dass Pflügen besser war, als noch nach der Ernte nachwachsende Pflanzen mit Gift zu bekämpfen. Auch konventionelle Landwirtschaft konnte mit den neuen Konzepten Bio-Standards erreichen und trotzdem gut und sicher davon leben. Es versteht sich von selbst, dass die Verbesserung der Umweltqualität in Verbindung mit nachhaltigen Tourismuskonzepten zahlreiche Touristen in das → Urlaubsland lockte, die von dem Glück der Schleswig-Holsteiner profitieren wollten.

4. Schlussfolgerungen

Aus all dem dürfte deutlich geworden sein, dass wir das heutige Glück unbedingt genießen sollten, zugleich aber an den Voraussetzungen für künftiges Glück arbeiten sollten. Denn bei verbesserten und zukunftsoffenen Rahmenbedingungen benötigt der Staat kein Ministerium für Glück wie in Bhutan oder den Vereinigten Arabischen Emiraten, sondern dann ermöglicht er, ohne sich selbst zu überfordern, einer liberalen und offenen Gesellschaft das selbstgeschaffene Glück. Arbeiten wir alle also daran, dass Schleswig-Holstein lebens- und liebenswert bleibt. Mehr Paradies auf Erden geht nicht. Platz 1 im Glücksatlas ist dann sicher.

III. Vorschläge von A – Z

A – Algorithmen(beherrschung)

Wenn Sie mit Ihrem Handy sprechen, bei Amazon einen Garantiefall erörtern, Ihre Steuererklärung einreichen oder Ihren Gesundheitszustand im Krankenhaus überprüfen lassen – dann begegnen Sie schon heute Künstlicher Intelligenz in Gestalt von selbstlernenden Algorithmen. Während der Corona-Pandemie konnten Sie mit der Künstlichen Intelligenz auch telefonieren – am anderen Ende der Corona-Hotline des Landes sprach ein sogenannter „Chatbot" mit Ihnen. Und spätestens seit ChatGPT – derzeit noch kostenlos – seine Dienste anbietet, haben viele Menschen das Potential von Künstlicher Intelligenz entdeckt. Ob es sich um die Rede zur Abiturentlassung oder den Betrugsversuch bei der Abiturprüfung handelt – dieses einfach zu bedienende System hat schon beinahe unheimliche Fähigkeiten. Aber auch sonst begegnen Sie täglich Algorithmen – vom Börsenhandel über digitale Bestellvorgänge bis zu Ihrer Bonitätsprüfung bei elektronischen Zahlungsvorgängen. Die Einsatzfelder sind mittlerweile unüberschaubar geworden – von der Medizin über die Steuerverwaltung zum Militär, erst recht in der digitalen Privatwirtschaft. Die Perversion derartiger Algorithmen lässt sich auch schon in China in Gestalt des „Systems der Sozialen Kreditwürdigkeit"[18] beobachten, das gesellschaftliches und politisches Wohlverhalten in einem algorithmischen Verfahren bewertet, belohnt oder bestraft. Künstliche Intelligenz und damit Algorithmen werden aber auch längst von Armeen weltweit und damit zur Perfektionierung des Zerstörens und Tötens eingesetzt. Algorithmen können also gut, neutral oder böse sein: In jedem Fall haben sie erhebliche Auswirkungen auf uns Menschen und unser Zusammenleben.

Auch ohne Künstliche Intelligenz sind Algorithmen das Herzstück jeder digitalen Anwendung – geschrieben in maschinentauglichen Programmiersprachen von Experten, die aber nichts mit der eigentlichen

Sachentscheidung zu tun haben. Und das ist einer der wesentlichen Unterschiede zwischen dem Leben und Arbeiten in digitalen Räumen im Vergleich zur realen Welt: Die eigentlich fachkundigen Bearbeiter, Vorgesetzten und Behördenleiter (oft auch Unternehmer in der Privatwirtschaft) spielen nur noch eine untergeordnete Rolle als Zulieferer von Daten, fachlichem Input und dann vor allem als Prügelknabe nach außen. Programmierer, Betreiber der IT-Anwendungen sind nach außen nicht verantwortlich, bestimmen aber die digitalen Prozesse, damit die Verfahrensanforderungen für Nutzer und bei der Künstlichen Intelligenz sogar die Inhalte der Entscheidungen. Sie sind aber nicht gewählt, nicht ernannt, nicht demokratisch legitimiert und in der Regel noch nicht einmal erkennbar. Und längst ist Künstliche Intelligenz in der Lage, ohne menschliches Zutun Computerprogramme etc. zu schreiben.
All dies wirft Fragen auf, die in der Regel bislang unbeantwortet sind. Wer überwacht denn das Lernen der Künstlichen Intelligenz? Werden Fehler, Diskriminierungen perpetuiert? Wo bleibt die Einzelfallgerechtigkeit, die ein wesentliches Anliegen des deutschen Rechtsstaates ist? Wer verantwortet Entscheidungen, die ohne menschliches Zutun getroffen werden? Dürfen Algorithmen und Künstliche Intelligenz überhaupt für Ermessenentscheidungen oder überhaupt für Kontakte mit Empathiebedürfnissen eingesetzt werden? All dies zeigt, dass wir uns mit Algorithmen und Künstlicher Intelligenz beschäftigen müssen, auch wenn wir sie vielleicht nicht verstehen. Letzteres Verständnis-Argument ist allerdings technokratisch und überhaupt nicht demokratisch, denn Gesellschaft und Politik mussten sich auch mit Atomkraft und der Gentechnik beschäftigen, die in der Regel auch nur von sehr wenigen Fachleuten verstanden werden. Der Vergleich zum Umgang mit anderen Gefahren weist allerdings auch bereits den Lösungsweg: Auch Algorithmen müssen staatlich überwacht werden. Dies ist nun glücklicherweise auch der Ansatz der Europäischen Kommission, die mit einem Verordnungsentwurf diesen Weg beschreitet.[19] Und auch in Schleswig-Holstein gibt es ein erstes Gesetz über den Einsatz Künstlicher Intelligenz, das erste Reglementierungen zur Gefahrenabwehr enthält.[20] Dies bedeutet, dass dringend eine menschliche und

staatliche Steuerung von Algorithmen erforderlich ist.[21] Eine solche Kontrolle ist unabdingbar, wenn noch Vertrauen in eine digitale, von Algorithmen ausgeübte Staatsgewalt hergestellt werden soll – und Vertrauen ist nun einmal die Schlüsselkategorie für die inhaltliche Ausfüllung für die Legitimität von Staatsgewalt.[22] Insoweit ist auch zu begreifen, dass Digitalisierung kein Selbstzweck ist, noch nicht einmal automatisch zu einer Modernisierung von Staat und Verwaltung führt, sondern ihrerseits immer einer gesonderten Rechtfertigung bedarf. Sinn und Nutzen von digitalen Anwendungen müssen jeweils im Einzelfall betrachtet werden. Eine erfolgreiche Digitalisierung staatlicher Prozesse muss immer mit Änderungen der Organisation und des Verfahrens verbunden werden. Dabei wird es dann allerdings oft angezeigt sein, dass Staat und Verwaltung ihre internen Prozesse behördenübergreifend digital ausgestalten, ohne dass die Bürgerinnen und Bürger für jede Verwaltungsanwendung eine gesonderte digitale Anwendung „erlernen" müssen. Für Bürgerinnen und Bürger darf daher auch weiterhin kein Zwang zur Nutzung staatlicher digitaler Angebote bestehen, wie es Art. 14 Abs. 2 Landesverfassung SH allen schleswig-holsteinischen Bürgerinnen und Bürgern garantiert.[23] Und gerade der Einsatz Künstlicher Intelligenz bedarf vor der Realisierung eingehender ethischer Überlegungen – Gesellschaft und Politik sind hier zur Entwicklung einer digitalen Ethik aufgefordert.[24]

Im Jahr 2005 werden Algorithmen aller Voraussicht nach eine noch größere Rolle als heute schon spielen – die Frage ist nur, welche Rolle wir ihnen zugestehen wollen. Sie bedürfen der rechtlichen und ethischen Einhegung. Das setzt politische und gesellschaftliche Diskussionen voraus – daran mangelt es im Jahre 2023 in Deutschland und in Schleswig-Holstein aber noch. Die europäische Ebene ist da durchaus schon weiter. Es handelt sich bei Algorithmen – und auch bei der Entscheidung über den Einsatz Künstlicher Intelligenz – um von Menschen getroffene Entscheidungen und um eine (von anderen Menschen) gemachte und beeinflussbare Technik. Den Beitrag dieser Technik zu unserem Glück im Jahr 2030 können wir also selbst beeinflussen – und sollten es auch unbedingt tun.

B – Bildung

Kaum ein Thema kann so polarisieren und über den Misserfolg bei Wahlen entscheiden wie die Bildungspolitik. Bildung ist dabei gleichzeitig von größter Bedeutung für die Zukunft junger Menschen, aber auch für die Zukunftsfähigkeit einer ganzen Gesellschaft. Bildung betrifft alle, vor allem Schüler, Auszubildende, Studenten und deren Eltern. Dementsprechend gibt es eine Unzahl von Fachleuten, eine Unzahl von Meinungen und eine kaum beherrschbare Menge an Literatur. In wenigen Zeilen scheint ein sinnvoller Beitrag zu dem Bildungsthema daher kaum leistbar, wenn doch schon der OECD-Bericht „Bildung auf einen Blick 2022" 582 Seiten umfasst. Wenn ich trotzdem einige – höchst subjektive – Anmerkungen wage, so ist dies dem Charakter dieses Buches geschuldet, dass ich Denkanregungen und Umsetzungsvorschläge für ein erfolgreiches und glückliches Schleswig-Holstein im Jahre 2030 geben will.

Schon zur Schule lässt sich viel sagen: Sie ist Ort zahlreicher, häufiger und leider meist gescheiterter Reformversuche. Die jüngst korrigierte Verkürzung der gymnasialen Schulzeit (von „G 9" auf „G 8" und wieder zurück zu „G 9") ist geradezu ein Lehrbeispiel, wie sehr Bildungsexperten, Wirtschaft und Politik bei ihren Reformen danebenliegen können. Die Schulabsolventen waren zwar – wie gewünscht – ein Jahr früher „auf dem Markt", dafür fehlte es den meisten aber an Studierfähigkeit und Persönlichkeitsausbildung. Und auch die rechtlich gebotene wie vor allem menschlich wünschenswerte Inklusion von Kindern mit Behinderung in den Schulalltag kann nicht mit „brachialer Gewalt" ohne Blick auf die Bedürfnisse aller Beteiligten gelingen. Inklusion ist kein numerischer Selbstzweck.

Der Versuch, Bildungsungerechtigkeiten und Bildungsungleichheiten – sei es mit Blick auf das Geschlecht, die soziale Stellung des Elternhauses, die ethnische Herkunft oder anderes mehr – mithilfe zahlreicher punktueller Maßnahmen, Eingriffe und Vorgaben in Schulen und durch Lehrer korrigieren zu lassen, überfordert Schulen, Lehrer und Schüler. Im Gegenteil, die Maßnahmen verschärfen, auch wenn sie gut gemeint sind, oft eher die Ungleichheiten oder schaffen neue Ungleichheiten. Den Themenenthusiasten entgeht dabei auch regelmäßig, dass mit einer solchen Aufladung des Schulalltags der eigentliche Bildungsauftrag leidet. Das Ideal der Bildungsgleichheit, das offenbar auch der OECD vorschwebt, ist ein hehres Ideal, dürfte allerdings aufgrund der Unterschiedlichkeit der Talente und der Rahmenbedingungen niemals vollständig erreichbar sein. Dies heißt natürlich nicht, dass Bildungsgerechtigkeit nicht unbedingt angestrebt werden sollte. Häufiger ist aber der Ansatz einer Chancengerechtigkeit vielversprechender, der zum Beispiel durch Nachhilfeangebote in Schulen besser verwirklicht werden kann als etwa durch eine Pflicht zur Teilnahme an (unzureichenden) Ganztagsangeboten. Eltern, die ihre Kinder selbst betreuen und fördern können und wollen, sollten dies auch weiterhin tun dürfen. Nur für diejenigen, die nicht in den Genuss eines derartigen Umfeldes kommen, bedarf es zielgerichteter staatlicher Hilfen. Dementsprechend hat sich auch die „PISA"- bzw. OECD-„Hörigkeit" nicht unbedingt als zielführend erwiesen, sondern permanente Unruhe an Schulen ausgelöst. Und wenn dann Schüler als Folge politisch motivierter Eingriffe in das Bildungssystem noch stärker an der Bewertungsgerechtigkeit zweifeln als es hinsichtlich der schon immer subjektiven Notengebung der Fall ist, weil etwa eine bewusste Förderung von Mädchen in typischen „Jungsfächern" erfolgt, dann steht es nicht zum Besten mit dem Bildungssystem. Ohne Frage hatte es in den vergangenen Jahren auch Fortschritte gegeben: So ist der Anteil der Menschen mit hohen Bildungsabschlüssen (sog. Tertiärabschluss - Universität, Fachhochschule oder Meister im Handwerk) in den letzten 20 Jahren von 22 auf 36 % gestiegen. Dies führt regelmäßig zu einem höheren Verdienst dieser Menschen. Aber gleichzeitig steigt die Abiturquote erheblich an – zu Lasten der Ausbildungsberufe, in denen der Fachkräftemangel schon gravierende Probleme auslöst. Vor allem aber erhöhen die besseren Abiturnoten an Gemeinschafts- und berufsbildenden Schulen den Druck auf Gymnasien, zur Existenzsicherung in diesem Wettbewerb des Leistungsniveaus nach unten irgendwie noch mithalten zu können. Jedenfalls sorgt diese Entwicklung nicht für ein besseres Bildungsniveau, sondern führt zu einem „nullten Semester" an den Hochschulen, zu studienvorbereitenden Kursen und teilweise zu erschreckenden Defiziten junger Menschen bei Aufnahme eines Studiums oder einer Ausbildung.

Häufig wird nun eine Lösung der bekannten und hier nur skizzierten Probleme der Bildungspolitik in einer Zentralisierung gesehen. So richtig und wichtig eine Vergleichbarkeit der Bildungsinhalte und des Bildungsabschlusses ist, so sehr soll hier doch für eine föderale Vielfalt plädiert werden. Begründet sei dies mit einer einfachen Überlegung: Zentrale Fehler in der Bildungspolitik wiegen schwerer und treffen alle Schüler. Der Wettbewerb der Bildungssysteme zwischen den Bundesländern sorgt für Innovation und Weiterentwicklung. Natürlich werden auch hier – wie gezeigt – durchaus zahlreiche Fehler gemacht, doch zwingt die Konkurrenz der Nachbarländer dann auch schneller zur Korrektur als es bei einer bundesweit einheitlichen, zentral gesteuerten Bildungspolitik der Fall wäre.

Und wie kann Bildung nun besser gelingen? Der erste Schlüssel zum Erfolgt liegt immer beim Personal. Lehrerausbildung und -rekrutierung sind die Grundlage für eine gute Bildungsvermittlung. Dabei wird die Lehrerausbildung (endlich) von aktuellen Bedarfen („Schweinezyklus") wegkommen müssen und langfristig planen müssen. Den Schwankungen (Überangebot oder Lehrermangel) kann dadurch begegnet werden, dass die Durchlässigkeit des Lehrerberufs mit anderen Bereichen verbessert wird. Es schadet nicht, wenn Lehrer auch einmal eine Zeit lang an der Universität, in Weiterbildungseinrichtungen, in der Wirtschaft oder in der Verwaltung arbeiten – auch eine solche Zeit würde den Erfahrungshorizont und damit die Grundlage für Bildungsvermittlung verbessern. Umgekehrt sollte es auch anderen Menschen, sofern sie ein wenig pädagogisches Geschick aufweisen, die vorübergehende Arbeit in der Schule ermöglicht werden.

Ein weiterer Schritt zur Verbesserung des Bildungssystems besteht darin, nicht so sehr auf Zeitgeist und Spezialwissen zu setzen. Spezialwissen veraltet schnell, so dass in manchen Fächern Dinge vermittelt werden, die kaum noch lege artis sind und jedenfalls den Schülern weder im Leben noch in der Ausbildung bzw. im Studium helfen. Gleiches gilt für die Zeitgeistorientierung: Die Reaktion auf die Digitalisierung sollte nicht in der Einführung des Pflichtfachs „Informatik" bestehen. Zum einen fehlt es an den hinreichend ausgebildeten Lehrkräften, so dass in vielen Fällen die Schüler besser als die Lehrkräfte sind. Zum anderen kann man den Herausforderungen der Digitalisierung nicht mit „Informatik für alle" begegnen. Vielmehr geht es darum, die Strukturen, Chancen und Risiken der Digitalität in verschiedenen Lebensbereichen zu vermitteln. Was bedeutet Digitalisierung für die öffentliche Meinung, für die Kultur, für das menschliche Miteinander, die Menschenwürde, die Medizin, die Wirtschaft etc.

Stattdessen sollten stärker als bislang grundlegende Fähigkeiten und Fertigkeiten vermittelt werden. Gerade in der Schule sollten die kulturelle Basis für die heranwachsenden Menschen und ein Beitrag zur selbstständigen, freien Persönlichkeitsentwicklung gelegt werden. Die Verrohung in Gesellschaften wie Russland zeigt, dass es ungemein wichtig ist, schon Schülern die Ideen der Aufklärung, der Freiheit, der Menschenwürde näherzubringen. Genauso wichtig ist es, die Verbrechen und Gräueltaten der NS-Diktatur stetig in Erinnerung zu behalten, um die Sensibilität für diktatorische Entwicklungen zu schärfen. Und zugleich ist es wichtig, die positiven Aspekte der deutschen Geschichte zu vermitteln, die in zahlreichen kleinen Ursprüngen zu der heutigen freiheitlichen Gesellschaft und Staatsordnung geführt haben. „Faust I" von Goethe wäre weiterhin ein wichtiger Beitrag für diese kulturelle Basis – stattdessen ist er nun aus allen Lehrplänen verschwunden.

Größter Erfolg, aber zugleich auch Gradmesser für Bildung ist die Ermöglichung einer Persönlichkeitsentwicklung der jungen Menschen. Das m. E. immer noch erstrebenswerte humanistische Bildungsideal ist frei von (berufs)spezifischen Zwecken, sondern will Bildung als Entwicklung der Persönlichkeit eines Menschen verstanden wissen.[25] Natürlich sind Formen und konkrete Inhalte dem Wandel der Zeiten anzupassen, sie dürfen nicht in der frühen Neuzeit verharren. Aber gerade das humanistische Bildungsideal ist der Freiheit des Menschen

und seiner selbstbestimmten Entwicklung verpflichtet. „Bildung eröffnet in pluralen Gesellschaften einen offenen Horizont an Möglichkeiten."[26] Der Bildung geht es um die Formung des naturhaften Seins des Menschen nach bestehender Sitte, Ethik und andererseits um die individuelle Vervollkommnung des (jungen) Menschen zwecks Erlangung von Reife, Vielseitigkeit der Interessen und Wissen.[27]
Reformschäden lassen sich aber auch an den Universitäten beobachten: Das Streben nach Exzellenz, das von der Politik als Leitbild ausgegeben und mit vielen Milliarden Euro unterstützt worden ist, schwächt andere Bereiche der Universitäten, vor allem die Geisteswissenschaften und eine von der Marktreife noch weit entfernte Grundlagenforschung. Exzellenz lässt sich auch kaum mit Geld erkaufen, sondern wächst automatisch aus einer gut finanzierten und strukturierten Volluniversität heraus. Für Schleswig-Holstein ist es daher wichtig, die (einzige) Volluniversität Christian-Albrechts-Universität zu Kiel zu erhalten und sicher zu finanzieren. Angesichts des Bedarfs an universitärer Bildung und künftig erst recht niveauvoller Weiterbildung ist dabei aber auch genug Platz für fokussierte Universitäten wie Lübeck oder Flensburg. Wichtig ist nur, dass eine Universität auch weiterhin ein Ort der Innovationen sein muss, was manchmal durch die lähmende universitäre Bürokratie, verstärkt durch ängstliche Präsidien, behindert wird. Neben allen wissenschaftspolitischen Modewellen, die gerade über die Universitäten schwappen, erscheint eine Besinnung auf die klassischen Aufgaben einer Landesuniversität geboten. Neben dem aufklärerischen Anspruch und dem Wettbewerb der Fürsten um Ansehen sollte (und soll) die Landesuniversität den Bedarf von Staat und Gesellschaft an Theologen, Medizinern, Juristen, Lehrern und zunehmend auch anderen akademischen Berufen sicherstellen.[28] Im Jahre 2030 wird dann auch ein fundiertes Weiterbildungsangebot zum Angebotsportfolio einer guten Universität gehören. Das immer wieder propagierte „lebenslange Lernen" benötigt auch adäquate Angebote, und angesichts des Personal- und Fachkräftemangels, der sich auch in einer erhöhten Personalfluktuation ausdrückt, wird ein verlässlicher Wissenstransfer immer wichtiger.

Damit steigt auch der Bedarf an Generalisten einerseits und Spezialisten andererseits. Spezialwissen veraltet allerdings schnell, so dass die Aneignung von Spezialkenntnissen immer der zweite Schritt sein sollte. An erster Stelle steht die Ausbildung zum Generalisten, das heißt der Vermittlung von Kernkompetenzen, etwa der Fähigkeit zum eigenständigen Lernen und Erneuern des Wissens. Die Vermittlung eines ethischen Fundaments ist ebenfalls wichtig, um in verschiedenen Kontexten etwa Fortschritte der Digitalisierung sowie den Einsatz Künstlicher Intelligenz beurteilen zu können. Politische Bildung, historische Kenntnisse über Staat und Gesellschaft, Sprachkompetenzen und eine naturwissenschaftliche Grundbildung sind eine Versicherung, dass man sich auch in einem schnell wandelnden Umfeld zurechtfindet. Und so sollten trotz aller angeblich drängenden Fragen der aktuellen Lebenswirklichkeit die grundlegenden Fundamente wie Sprache(n), Geschichte, Grundfragen der politischen Systeme und deren Entwicklung ausreichend Platz in der Schule finden. „Bildung um des Fortbestandes der Kultur willen, zum Besten sowohl der Individuen, als auch des Kollektivs: Auf diese Formel etwa lässt sich die Notwendigkeit eines elementaren Kanons bringen."[29] Auf derartige Fundamente müssen Ausbildungsgänge, Hochschulen und Universitäten aufbauen können, sie dürfen keine bloße Verlängerung der Schulzeit sein. Das Bestreben aller Bildung sollte das Streben nach Wahrheit und die Befähigung zum Erkennen von Lügen sein, um gegen jedwede Propaganda gewappnet zu sein.

All dies wird man erreichen können, indem man auf ständige Schul- und Hochschulreformen verzichtet und sich stattdessen auf die Vermittlung eines lebenslang wirksamen Kompetenz-, Lern- und Wissensfundaments besinnt. Bildung muss die Befähigung zum eigenständig, freiheitlich und kritisch denkenden mündigen Bürger bewirken. Die Bildungsaufgabe ist daher unbedingt im Kontext der freiheitlich-demokratischen Grundordnung[30] und des freiheitlich-demokratischen Rechts- und Verfassungsstaates zu sehen. Dann müssen diese Kontexte aber auch in Bildungseinrichtungen unterrichtet werden – ganz konkret bedeutet dies auch, dass die zahlreichen regionalen Freiheitsbewegungen des 19. Jahrhunderts als Grundbedingungen unserer Demokratie intensiver behandelt werden müssen. Und am Ende darf bei allen Bildungsdebatten und -reformen eines nicht vergessen werden: Bei Bildung geht es um die Persönlichkeitsentwicklung (meist) junger Menschen, um ihre Lebenschancen, aber auch ihre Rückwirkung auf die Gesellschaft. Und vor allem geht es auch um das Glück und die Zufriedenheit dieser jungen Menschen, womit ein wesentlicher Beitrag zu unserer schleswig-holsteinischen Glücksbilanz geleistet wird.

C – Christentum

Im September 2022 war ich im Rahmen einer Tagung in Dortmund abends zum Essen eingeladen. Der Ort des Abendessens ließ mich stutzen – eingeladen war in die Kirche St. Reinoldi mitten in der Innenstadt. Da ich schon einmal in der „Doktor Eisenbarth"-Kirche in Hannoversch Münden gefrühstückt hatte, maß ich der Einladung weiter nichts bei, da beide christlichen Kirchen ja bekanntermaßen seit einiger Zeit ehemalige Gotteshäuser auflassen und an Interessenten verkaufen. Sinkende Mitgliederzahlen und sinkende Steuereinnahmen fordern ihren Tribut.
Mein Erstaunen ob der Einladung in die Kirche mitten in Dortmund war also schon geringer als die seinerzeitige Überraschung, als der Hotelier beim Einchecken verkündete, dass das Frühstück am nächsten Morgen in der Kirche gegenüber einzunehmen sei. Ich gebe zu, dass es gewöhnungsbedürftig war, sich in Hannoversch Münden das Müsli an der Stelle zu holen, an der früher der Altar war. Aber so blieb wenigstens das Baudenkmal erhalten.
Das Erstaunen kehrte aber zurück, als ich in Dortmund in der Kirche St. Reinoldi eintraf, freundlich vom Pastor begrüßt wurde, der mir beim Anblick der gedeckten Festtafel versicherte, dass ich mich in der evangelisch-lutherischen Dortmunder Hauptkirche befinde, die alles andere als entweiht sei, sondern über eine herausragende neue Orgel verfüge,

die man sich aber nur leisten könne, weil die Kirche sich auch für externe Veranstaltungen geöffnet habe. Ich gebe zu, dass ich ein merkwürdiges Gefühl während des Abendessens im Anblick des gekreuzigten Jesus nicht loswurde. Aber zugleich faszinierte mich der Mut dieser Kirchengemeinde, diese Offenheit der christlichen Gemeinde für neue Wege. Und braucht es nicht schon wieder fast den Mut, den ein Ansgar zu Beginn des neunten Jahrhunderts aufbringen musste, als er sich aus dem fränkischen Reich in Richtung Haithabu und bis nach Schweden aufmachte?[31] Seitdem ist viel geschehen: Schon seit ca. 600 ist die Christianisierung im Norden nachweisbar, wenn schriftliche Quellen auch erst seit dem neunten Jahrhundert existieren. Vorangetrieben wurde die Christianisierung im Gebiet des heutigen Schleswig-Holsteins durch die Franken, vor allem durch das christliche Sendungsbewusstsein Karls des Großen und seiner Nachfolger. Eine der bedeutendsten Persönlichkeiten als Missionar war der Mönch und Bischof Ansgar (801–863), der bis weit nach Skandinavien hinein wirksam war.[32] Schon früh und nachhaltig hat sich die Reformation in Schleswig-Holstein durchgesetzt, auch wenn Martin Luther es nie persönlich in den Norden geschafft hat. Aber Männer wie Johannes Bugenhagen, Hermann Tast, Johann Wendt oder Eberhard Weidensee standen in enger Verbindung mit den Wittenberger Reformatoren und konnten aufgrund der Duldung, später ausdrücklichen Förderung durch den dänischen König und Herzog von Schleswig und Holstein (hier vor allem Christian III.) die Reformation voranzubringen.[33] Dabei ging es zwar meist, aber nicht immer friedlich zu, wie die Ermordung von Heinrich von Zütphen in Dithmarschen im Jahre 1524 zeigt.[34] In der Folge war Schleswig-Holstein dann auch Schauplatz des Dreißigjährigen Krieges – schon diese kleine Impressionen zeigen, wie sehr das Christentum in Schleswig-Holstein Spuren hinterlassen hat.

Nun mögen die geneigten Leserinnen und Leser einwenden, was denn das Christentum mit dem Glück der Schleswig-Holsteiner im Jahre 2030 zu tun habe. Macht Glaube glücklich? Die Antwort lautet aus meiner ganz persönlichen Perspektive: Ja, er gibt Rückhalt und eine Basis gerade in unsicheren Zeiten und bei sich schnell verändernden Rahmenbedingungen, wie wir es gerade erleben. Aber vor allem hat das Christentum Prägungen und Errungenschaften hinterlassen, die wir nicht vorschnell preisgeben sollten, wenn wir nicht in barbarische Zeiten zurückfallen wollen. Die Christianisierung Schleswig-Holsteins war für die Entwicklung des Landes und vor allem für die Einbindung in den mittelalterlichen Kulturraum entscheidend. Und das Christentum prägt noch heute Gesellschaft, Staat, Werte, Moral – und unsere Vorstellung von persönlicher → Freiheit. Denn das Christentum und die darauf basierende Rechtsentwicklung des Mittelalters haben das Individuum und die Freiheit des Einzelnen hervorgebracht.[35] Und wer wollte bestreiten, dass das Christentum die Grundlage unseres Wertesystems und unserer Ethik ist. Weiterhin sind Religionsfreiheit und Toleranz ein mühsam erreichtes Stück deutscher Kultur, deutscher Verfassung, um die – wie nicht zuletzt der Dreißigjährige Krieg zeigt – intensiv und zeitweilig gewaltsam gerungen wurde. Und selbst bei areligiösen, ganz praktischen Nutzungserwägungen kann die weiterhin bestehende Bedeutung des Christentums nicht negiert werden: Man denke allein an die praktizierte Nächstenliebe durch kirchliche Einrichtungen, die ansonsten vom Staat übernommen werden müsste und den allgemeinen Steuerzahler viel Geld kosten würde.

Die prägende Kraft des Christentums schwindet erheblich angesichts dramatisch sinkender Mitgliederzahlen in beiden großen christlichen Kirchen. 2018 waren in Schleswig-Holstein noch gerade knapp über die Hälfte, nämlich 50,7 %, Mitglied einer der beiden großen christlichen Kirchen. 6,1 % (175.743) der Schleswig-Holsteinerinnen und Schleswig-Holsteiner waren Mitglied der katholischen Kirche, 44,6 % (1.293.161) gehörten der evangelischen Kirche an. Bezüglich der Mitgliedschaft in der evangelischen Kirche belegte Schleswig-Holstein bundesweit den Spitzenplatz, denn auf Deutschland bezogen waren 44,1 Millionen Menschen Mitglied der katholischen und evangelischen Kirche, das bedeutet einen Bevölkerungsanteil von 53,2 %. Der katholischen Kirche gehörten 27,7 % an, der evangelischen Kirche 25,5 %.[36] Im Jahre 2021 betrug der Anteil katholischer Christen an der schleswig-holsteinischen Bevölkerung nur noch 5,7 %, die der evangelischen Christen nur noch 40,9 %.[37] Dies bedeutet für die Kirchen zunächst einmal ganz profan einen erheblichen Rückgang an Kirchensteuer-Einnahmen und damit Finanzierungsprobleme für die Wahrnehmung ihrer Aufgaben. Für die Kirchenaustritte sowie fehlenden Eintritte gibt es eine Vielzahl von Gründen, die hier nicht vertieft werden kann. Aber Stichworte wie Missbrauchsskandale, bestimmte politische Haltungen der Kirchen oder Glaubenszweifel in einer vermeintlich rationalen Welt spielen ohne Frage eine Rolle. Die heute immer dringlicher werdende Frage, was die Gesellschaft eigentlich zusammenhält, beantworten also nicht einmal mehr die Hälfte der Schleswig-Holsteinerinnen und Schleswig-Holsteiner mit einer Kirchenmitgliedschaft, und damit möglicherweise auch nicht mehr mit ihrem christlichen Glauben. Selbstverständlich sind mit Blick auf die Religionsfreiheit auch die – zahlenmäßig allerdings deutlich seltener anzutreffenden – Menschen jüdischen oder muslimischen Glaubens erfasst. Die zunehmende Säkularisierung von Staat und Gesellschaft sind Ergebnisse eines langen historischen Prozesses,[38] und auch die Kirchen sind von einer maßgeblichen Verantwortung für das Schwinden ihrer eigenen Bedeutung sicherlich nicht freizusprechen. Aber dennoch löst der starke Rückgang ein merkwürdiges Gefühl aus, wenn man bedenkt, dass das Christentum Staat und Gesellschaft in Deutschland und eben auch in Schleswig-Holstein maßgeblich geprägt hat. Und auch der jüdische Glaube ist – trotz der furchtbaren NS-Verbrechen – auch in Schleswig-Holstein wieder heimisch geworden. Zur Verbesserung des wechselseitigen Verständnisses zwischen den Religionen, aber auch im Verhältnis zu Staat und Gesellschaft hat sich im Frühjahr 2023 unter dem Vorsitz der Landtagspräsidentin ein runder Tischer „SHALOM/MOINSH" konstituiert. Und auch der muslimische Glaube ist längst in Schleswig-Holstein heimisch geworden – oft fehlt dafür aber noch die Anerkennung. Eine solche Anerkennung jedenfalls des Staates in Gestalt eines Staatsvertrages mit den an einem friedlichen Zusammenleben interessierten Religionsgemeinschaften ist überfällig und wird 2030 das friedliche Zusammenleben verbessert haben. Voraussetzung für eine solche Anerkennung seitens des Staates ist allerdings auf Seiten der Religionsgemeinschaft die Anerkennung des Grundgesetzes und der zentralen gesellschaftlichen Werte. Es darf keine (falsch verstandene) Toleranz gegenüber ausländisch gesteuerter Hetze geben, die unter dem Vorwand der Religionsausübung in Deutschland zur Segregation von Muslimen führen soll. Gerade die Trennung von Staat und Religion ist eine wesentliche historische Errungenschaft in Deutschland, die nicht zugunsten ausländischer Organisationen aufgegeben werden darf.

Aber zurück zu Christentum und den christlichen Kirchen: Wie wird 2030 ihre künftige Rolle aussehen? M. E. bietet sich für die christlichen Kirchen die große Chance, gerade in unsicheren Zeiten zur moralischen Institution zu werden. Dies setzt allerdings voraus, dass dafür auch das entsprechende Personal vorhanden ist und dementsprechend auch konsequent etwa die Aufarbeitung des erschreckenden und nicht zu tolerierenden Missbrauchs von Kindern in beiden christlichen Kirchen aufgearbeitet worden ist. Es besteht also unstreitig viel Reformbedarf in den christlichen Kirchen, damit sie weiterhin oder wieder eine maßgebliche Rolle in der Gesellschaft spielen können. Auch hier (oder erst recht) gilt: Verändere, was du bewahren willst. Reformbedürftig ist beispielsweise die kirchliche Verwaltungsstruktur: Bei schwindenden Kirchensteuereinnahmen kann und sollte die Verwaltung verschlankt werden, um den eigentlichen christlichen Auftrag nicht zu gefährden. So verfügt beispielsweise die Nordkirche über drei Verwaltungsebenen – die Kirchengemeinde, den Kirchenkreis und das Kirchenamt. Die Zentralisierung bestimmter Aufgaben, die Einführung digitaler Verfahren und der Gedanke von Shared Service Centern beispielsweise können helfen, diese Struktur zu verschlanken. In jedem Fall erscheint es angezeigt, gerade die Ebene der Kirchengemeinde von Verwaltungstätigkeiten zu entlasten, um den Pastorinnen und Pastoren vor Ort mehr Zeit für den Kontakt zur Kirchengemeinde und damit auch eine größere Attraktivität ihres Amtes zu ermöglichen. Denn die Organisation des Christentums bedarf immer wieder der kritischen Überprüfung, da sie kein Selbstzweck ist („ecclesia semper est reformanda"). So ist etwa die Nordkirche ein über Jahrhunderte zu dieser

Größe gewordenes Konstrukt, das von der christlichen Gemeinde zwangsläufig weit entfernt, dafür aber professionell und relativ kostengünstig ist. Aber auch hier ist eine innere Reform möglich und geboten, wie der Verfasser aus eigener Mitwirkung am kircheninternen Reformprozess weiß. Und die christliche Kirche wird gebraucht, wenn man allein an die umfassenden sozialen und seelsorgerischen Aufgaben denkt, die der Staat nicht ansatzweise übernehmen könnte. Zugleich können die christlichen Kirchen auch weiterhin ihre Fähigkeit zur Gemeinschaftsbildung ausspielen: In einer „Gesellschaft der Singularitäten"[39] wird die Sehnsucht der Menschen nach einer Abkehr von der digitalen Vereinzelung hin zu echten und solidarisch geprägten Gemeinschaften ein wachsendes Bedürfnis sein, für das die christlichen Kirchen an sich ein hervorragendes Angebot haben, allerdings zeitgemäß weiterentwickeln müssen.[40]
Aber auch die Verkündung von Gottes Wort vor Ort ist weiterhin unverzichtbar: Allerdings kann auch die christliche Gemeinde vor gesellschaftlichen Umfeldveränderungen nicht die Augen verschließen. Dabei sollte der klassische Gottesdienst erhalten bleiben, allerdings um neue Formate ergänzt werden. Zahlreiche Kirchengemeinden sind hier mit „anderen" Gottesdiensten, von Jugendlichen verantworteten Gottesdiensten oder intensiveren Erinnerungen an den Reformationstag auf einem guten Weg. Dabei sollte auch die Zeit des Gottesdienstes überdacht werden, da diese am Sonntagvormittag durchaus in Konkurrenz zu zahlreichen Aktivitäten von Familienzeiten steht. Die Abendstunden in der Woche können ebenfalls eine gute Gelegenheit sein, berufstätige Gläubige und/oder Jugendliche wieder einmal in die Kirche zu locken. Gerade der Jugendarbeit kommt besondere Bedeutung zu, wobei einige Kirchengemeinden hier bereits herausragende Arbeit leisten. Gleichzeitig empfiehlt es sich, neue Dialog- und Diskussionsangebote den Gemeindegliedern zu machen. So können auch aktuelle politische Themen generationenübergreifend in der Kirchengemeinde diskutiert werden. Auf diese Weise kann die Kirche wieder zum Bindeglied zu politischen und gesellschaftlichen Diskussionen werden und ihrer wünschenswerten Rolle als moralische Institution besser gerecht werden.

Und etwas mehr Mystik darf in rauen, vernunftdominierten Zeiten von der Kirche ebenfalls geboten werden.[41] In einem reformierten Zustand, der mindestens die heutigen Gläubigen und vielleicht sogar wieder neue Kirchenmitglieder interessiert oder gar begeistert, kann der christliche Glaube dann auch der → Identitätsbildendung dienen. Das Christentum braucht für all dies wieder mehr Mut, mehr Phantasie – und vielleicht die Versetzung einer Kirche in das Freilichtmuseum Molfsee, bevor sie zum Frühstücksraum wird.
Über meine eigenen Gedanken als evangelischer Christ hinaus hat mich allerdings interessiert, was unsere beiden christlichen Kirchen zur Zukunft des Christentums in Schleswig-Holstein sagen. Daher habe ich hohen Repräsentanten der beiden christlichen Kirchen zwei Fragen gestellt, die Bischof *Gothart Magaard* (Sprengel Schleswig und Holstein) und Erzbischof *Dr. Stefan Heße* (Erzbistum Hamburg) mir freundlicherweise beantwortet haben. Die beiden Fragen waren einfach, die Antworten sind es zweifelsohne nicht. Ich freue mich daher, mit Zustimmung von Bischof *Magaard* und Erzbischof *Dr. Heße* ihre Antworten abdrucken zu dürfen.

1. Welche Rolle wird das Christentum 2030 in Schleswig-Holstein spielen?

Bischof Gothart Magaard:
Auch im Jahr 2030 wird das Christentum in Schleswig-Holstein gelebt werden, innerhalb der Kirchengemeinden und in persönlicher Gestaltung. Auf den Inseln, in den Städten und den ländlichen Räumen wird es lebendige Kirchengemeinden geben. Menschen werden gut begleitet bei Taufen, Trauungen und Abschieden, denn der Wunsch der Menschen danach, diese Lebensetappen bewusst zu gestalten, wird nicht verloren gehen. Unsere alten und jüngeren Kirchgebäude laden ein zu Gottesdiensten, Konzerten und zu stillem Gebet, weil die Menschen den Wert dieser ortsbildprägenden Gebäude zu schätzen wissen. In den evangelischen Kitas erfahren Kinder, wie schön es ist, mit Gott

groß zu werden. Die diakonischen Einrichtungen und Beratungsstellen sind weiterhin für viele Menschen hilfreiche und geschätzte Lebensbegleiter. Noch stärker als bisher werden kirchliche und diakonische Orte die Vernetzung untereinander und zu anderen Akteuren im jeweiligen Gemeinwesen suchen. Kirchengemeinden werden sich verändert haben und dabei ihre je eigenen Schwerpunkte entwickeln. Die Evangelisch-Lutherische Kirche wird auch 2030 viel Gutes zum Wohle des gesellschaftlichen Miteinanders einbringen und für die persönliche Vergewisserung und Ermutigung in Zeiten großer Veränderungen.

Erzbischof Dr. Stefan Heße:
Das Christentum in Schleswig-Holstein wird Zukunft haben, wenn sich die christlichen Gemeinschaften im Gebiet versammeln und dabei auf Gott ausrichten. Die Kirche wird dann relevant sein, wenn es ihr gelingt, jede Form der Selbstreferenzialität zu überwinden und den Glauben in Wort und Tat zu praktizieren. Ein solches sehr konkret gelebtes Christentum wird ausstrahlen und den Menschen Hoffnung vermitteln.

2. Wie kann die Kirche ihrem Bedeutungsverlust entgegenwirken?

Bischof Gothart Magaard:
Wenn sie für Menschen erlebbar macht, was gerade sie für die individuelle Lebensgestaltung und das gesellschaftliche Miteinander einbringt: Die beziehungsstiftende Kraft von Kirche. Die diakonische Kraft und die hoffnungsstiftende Kraft der christlichen Botschaft. Sie wird auf die zunehmende Vielfalt der Gesellschaft reagieren und ihre Angebote und Kommunikation verändern. Wie Menschen davon erreicht werden, wird weiterhin ganz unterschiedlich sein: z. B. über die Kirchenmusik, eine Gruppe von Pfadfinderinnen und Pfadfindern, ein Tauffest oder eine Beratungseinrichtung. Christenmenschen können mit Gottvertrauen Zeichen der Hoffnung und Zuversicht setzen, Men-

schen als Gemeinschaft zusammenbringen und die Herausforderungen der Zukunft mutig und gelassen zugleich annehmen.

Erzbischof Dr. Stefan Heße:
Die Christen sollen ihren Glauben überzeugt leben. Sowohl im persönlichen Leben, aber auch wenn es darum geht, in der Öffentlichkeit mitzureden. Im gesellschaftlichen Diskurs braucht die Kirche daher eine gute Diskussionskultur. Das Christentum wird nicht einfach „vererbt", etwa indem wir uns auf unsere christlichen Institutionen verlassen, die den Glauben scheinbar reproduzieren sollen. Notwendig ist die tägliche, persönliche Entscheidung eines jeden einzelnen Christen, der ja sagt zur Frohen Botschaft und diese bezeugt.

D – Demokratie

Am 15. November 2022 hat der Meinungsforscher *Manfred Güllner*, Leiter des FORSA-Instituts, der versammelten „politischen Klasse" Schleswig-Holsteins auf dem Grünkohlessen der Unternehmensverbände (UV Nord) die Leviten gelesen. Er hat auf die Relativierung der Wahlergebnisse angesichts der hohen Zahl von Nichtwählern sowie auf die in Umfragen gemessene Unzufriedenheit mit den Leistungen politischer Entscheidungsträger hingewiesen. Nicht erst, aber verstärkt seit der Corona-Pandemie hört man in der Tat eine Vielzahl unzufriedener Stimmen über Politik und leider auch über Demokratie. Nun ist all dies Jammern auf sehr hohem Niveau, ist doch in Schleswig-Holstein und in Deutschland die Äußerung einer kritischen Meinung nach wie vor möglich, während man in Russland, China oder Iran sofort verhaftet und (mindestens) zu hohen Haftstrafen verurteilt wird. Dennoch beschleichen einen aktuell Sorgen um die Legitimität[42] unserer demokratischen Herrschaftsordnung, denn die Ergebnisse seriöser Meinungsumfragen zeigen kein gutes Ergebnis für den Demokratiestatus im Jahre 2022. Laut ARD-DeutschlandTrend vom 6. Oktober 2022 sind nur noch 51 % der Deutschen mit der konkreten Ausprägung der Demokratie in Deutschland sehr zufrieden oder zufrieden (West: 54 %, Ost nur 35 %), während 47 % weniger oder gar nicht zufrieden sind (West: 44 %, Ost: 63 %).[43] Dies bedeutet einen starken Rückgang der Demokratiezufriedenheit im Vergleich zum Status vor zwei Jahren. Dabei wird Demokratie abstrakt nach wie vor von 88 % (West: 91 %, Ost: 75 %) der Befragten als gute Regierungsform angesehen. Andere Untersuchungen und Umfragen kommen zu vergleichbaren Ergebnissen; zusammen mit den Zweifeln an der Leistungs-, Problemlösungs- und Handlungsfähigkeit des Staates[44] machen diese Zahlen besorgt. Und neben vielen anderen Gründen führt diese Staats- und Demokratieunzufriedenheit zu wieder sinkenden Wahlbeteiligungen bei Landtagswahlen. An den Landtagswahlen des Jahres 2022 nahmen in Schleswig-Holstein 60,3 %[45], im Saarland 61,4 %, in Nordrhein-Westfalen 55,5 % und in Niedersachsen 60,3 % teil. Kurzum: Unzufriedenheit, Demokratieverdrossenheit und Wahlenthaltung machen sich breit.

Dieser Trend muss also dringend umgekehrt werden, wenn wir im Jahr 2030 (auch) in Schleswig-Holstein die Legitimität der demokratischen Herrschaftsordnung bejahen wollen. Dies kann und wird gelingen, wenn wir bis dahin Demokratie mit einem inhaltlichen und positiven Kern füllen – und nicht nur verdammen, was wir nicht wollen. Die Aufgabe richtet sich also an Politik wie auch Bürger gemeinschaftlich. Dazu gehört es, einen sachlich-inhaltlichen Streit über die wichtigen Sachfragen der Zeit zu führen, der dann jeweils von einer informierten Mehrheit – repräsentativ und auch unmittelbar-demokratisch – entschieden und dadurch befriedet wird. Die Landespolitik und vor allem auch der Schleswig-Holsteinische Landtag fokussieren sich somit 2030 bestenfalls auf wichtige Landesthemen und die dem Land zustehenden Kompetenzen. Dabei ist eine Verdeutlichung, was Demokratie ist, bzw. eine Selbstvergewisserung für alle Beteiligten in Politik, Gesellschaft und Medien erforderlich: Einen positiven inhaltlichen Kern und damit materielle Legitimität erzielt Demokratie nur, wenn der aktuell manchmal zu beobachtende Trend zur „Identitätspolitik" und damit zu möglichst staatlich verordneten gesellschaftspolitischen

Überzeugungen aufhört. Es ist ein Irrweg für die Demokratie, immer neue Minderheiten zu segregieren oder gar zu erfinden, wenn es der Demokratie doch um gesellschaftliche Integration gehen muss. Das Wesen des grundgesetzlichen demokratischen Rechtsstaates ist auch nicht Ergebnisgleichheit, sondern Chancengleichheit für alle Bürgerinnen und Bürger. Herrschaft wird nur auf Zeit verliehen, der Rechtsstaat ist das unerschütterliche Fundament für Demokratie, und die republikanischen Wurzeln unseres Staates bedürfen ebenfalls der Freilegung. Mit diesen an sich zeitlosen Erfolgsrezepten wird es auch gelingen, junge Menschen immer wieder neu zu begeistern und den Systemwettbewerb gegenüber autokratischen Systemen zu bestehen.[46] Gerade die Definition von „zulässigen" oder „politisch korrekten" Meinungskorridoren, wie sie unter dem Topos der „Grenzen des Sagbaren" zunehmend thematisiert werden, sind einer gefestigten Demokratie nicht würdig und zerstören ihr Fundament, nämlich den idealerweise vernunftgesteuerten, jedenfalls aber freien öffentlichen Diskurs. Gerade die großen Fragen, die uns in aktuellen Krisen- und Umbruchzeiten aufgegeben sind, wie etwa der Klimawandel, die Energiewende, die Versorgung mit ausreichendem und bezahlbarem Wohnraum, die Sicherstellung von Bildung oder die Sicherstellung von Zukunftschancen der Jugend dulden keinen Aufschub und bedürfen ernsthafter und intensiver Diskussionen. Eine angemessene Behandlung der Themen setzt aber auch die – zunächst einmal: ergebnisoffene – Beratungsfähigkeit der Politik und der Verwaltung voraus. Fachliche, gerade auch wissenschaftliche Beratung wird oft als „Feigenblatt" für (meist unliebsame) Entscheidungen herangezogen, doch hat nach meiner Beobachtung in den vergangenen Jahren der echte Diskurs, das offene Gespräch zwischen Politikern und Fachleuten bzw. Wissenschaftlern stark abgenommen. Dies liegt möglicherweise – um die Politik insoweit auch in Schutz zu nehmen – an einem stark veränderten Umfeld, das durch Beschleunigung[47] der Entscheidungsbedarfe, medialen Druck, das Bedürfnis nach Echtzeit-Kommentierung auf Social-Media-Plattformen und leider auch zunehmend durch ideologische Vorfestlegungen gekennzeichnet ist. Hinzu kommt die stetige Vergrößerung von „Stäben", in denen meist junge, in dem konkreten Fachgebiet unerfahrene Mitarbeiterinnen und Mitarbeiter, häufig nach Parteibuch ausgesucht, das Hauptberaterteam bilden und so zu einer hermetisch abgeriegelten, für kritische Argumente nur wenig zugänglichen „Wagenburg" führen. Die Beratungsfähigkeit der Politik muss also bis 2030 wieder besser werden, Politik und Verwaltung müssen eine Offenheit für Diskussionen bewahren bzw. wiedererlangen. Abweichende Meinungen, die zunächst als Mindermeinung erscheinen, sich später aber auch als richtig erweisen können, dürfen nicht vorschnell abqualifiziert werden. Parlamentarische Anhörungen sollten daher ein wirklich offenes Diskussionsforum bieten und nicht – wie heute leider häufig anzutreffen – nur dazu dienen, dass jede Fraktion einen ihr genehmen Sachverständigen mit vorher bekannter, politisch passender Auffassung benennt. Die Probleme der Menschen müssen ernstgenommen werden, Themen entsprechend gewichtet werden, und mittlerweile eingeübte Rituale der politischen Auseinandersetzung einschließlich gegenseitiger verbaler Bekämpfung überzeugen die Menschen immer weniger. Demokratische und parlamentarische Verfahren dürfen weder als Selbstzweck noch mit dem Ziel durchgeführt werden, zuvor feststehende Ergebnisse nur noch formal zu legitimieren.[48] Der Ort für derartige Diskussionen ist nach wie vor das Parlament – und nicht Filterblasen auf zum Teil problematischen privaten Plattformen, die euphemistisch als „soziale" Netzwerke tituliert werden.[49]

Auch für das Parlament gilt, dass es seine eigentliche Rolle in der Demokratie wiederentdecken muss. Die Abgeordneten haben ein (freies) Mandat der Bürgerinnen und Bürger, um gesellschaftliche Interessen in den politischen Prozess zu transportieren, Probleme zu lösen und Entscheidungen auch wieder in Richtung ihrer Wählerinnen und Wähler zu erklären. Vornehmstes Recht des Parlaments ist die Gesetzgebung, insbesondere auch in Haushaltsfragen. Die Kontrolle der Regierung muss ernstgenommen werden, auch wenn natürlich die regierungstragenden Fraktionen insoweit regelmäßig zurückhaltender sind als die Opposition.[50] Mehr als bislang könnte das Parlament 2030 ein Forum innovativer Ideen sein. Ausschüsse müssen sich ja nicht nur auf Anhörungen zu Regierungsplänen beschränken, sondern können in zahlreichen staatlichen gesellschaftlichen Bereichen verschiedenste Menschen zur Diskussion von Reformvorstellungen einladen. So kann das Parlament eine neue Rolle als → Zukunftslobby der jungen Generation einnehmen. All dies würde den Mehrwert eines repräsentativ-demokratischen Systems gegenüber autokratischen Systemen noch stärker verdeutlichen und könnte die eingangs festgestellte Demokratieverdrossenheit bekämpfen. Denn Demokratie findet ihren Ausdruck in unserem, vom Grundgesetz vorgesehenen repräsentativen System zuvörderst im Parlament, erst dann in der Regierung und – weniger formal, aber entscheidend inhaltlich – in der Bürgergesellschaft, die demokratischen Werten und Grundhaltungen verpflichtet sein muss, wenn Demokratie dauerhaft funktionieren soll. Der Konsens über und die Einhaltung der freiheitlichen demokratischen Grundordnung[51] ist dabei allerdings zwingende Grundvoraussetzung. Als Bürger darf man allerdings in unserem freiheitlichen Staat – sofern friedlich – selbstverständlich auch Kritik an den konkreten Ausprägungen dieser Grundordnung äußern. Insoweit ist die neue Kategorie des Verfassungsschutzes „Delegitimierung des Staates" äußerst problematisch, wenn sie bereits von der Regierungsmeinung abweichende Ansichten in den Blick nimmt, dadurch letztlich kriminalisiert und tabuisiert.

Wichtig ist und bleibt auch die Ergänzung des repräsentativen Systems mittelbarer Demokratie durch unmittelbar-demokratische Mitwirkungsmöglichkeiten auf kommunaler Ebene (u. a. Bürgerbegehren, Bürgerentscheid) und auf Landesebene (Volksinitiative, Volksbegehren und Volksentscheid). Unabhängig von Meinungsumfragen artikuliert sich bei der Wahrnehmung solcher unmittelbar-demokratischen Instrumente der Bürgerwille recht authentisch, und Mandatsträger sollten derartiges nicht als Misstrauensvotum oder gar als „Majestätsbeleidigung", sondern als eine wichtige Rückkoppelung in einem System responsiver Demokratie ansehen. Der Bürgerentscheid im Kreis Rendsburg-Eckernförde vom 6. November 2022 zum Erhalt der Imland-Kli-

nik in Eckernförde hat doch sehr deutlich gemacht, wie weit sich „professionelle" Entscheidungsfindung von dem Bürgerwillen entfernt hatte. Leider war auch der anschließende Umgang mit diesem Bürgerentscheid wenig überzeugend. Allein die Möglichkeit derartiger unmittelbar-demokratischer Mitwirkungsmöglichkeiten sollte den gewählten Repräsentanten Anlass sein, in bedeutsamen Angelegenheiten besser zu argumentieren und zu den Bürgerinnen und Bürgern zu kommunizieren. Unmittelbare Demokratie als Korrektiv kann unbequem sein, zwingt aber zum Dialog und zu Überzeugungsarbeit. Die völlig falsche Reaktion wäre es, wegen unliebsamer Ergebnisse die Instrumente unmittelbarer Demokratie einzuschränken, indem sie etwa von höheren Voraussetzungen abhängig gemacht werden. Schleswig-Holstein soll nämlich auch im Jahre 2030 ein freiheitlich-fortschrittliches Land mit einer ausgeprägten demokratischen Resilienz sein.
Mehr als zuletzt müssen im politischen Prozess Fakten und damit eine Wahrheitsorientierung wieder in den Mittelpunkt rücken. Der Lügner darf für sein Tun nicht belohnt werden.[52] In diesem Zusammenhang kommt auf Parteien, aber auch auf den Staat eine größere Verantwortung zu, nachgewiesene Lügner nach Möglichkeit von wichtigen Ämtern fernzuhalten.
Konstitutiv für die Demokratie ist nach wie vor die Mehrheitsentscheidung bei gleichzeitiger Gewährleistung von Minderheitenschutz. Das bedeutet aber auch, dass Minderheiten nicht versuchen dürfen, der Mehrheit ihre Position vorzuschreiben. Selbstverständlich können sie für ihre Position werben, können versuchen, dass ihre Auffassung zur Mehrheitsmeinung wird. Die Diskussionen um eine – aus Sicht einer kleinen Minderheit am liebsten staatlich vorgeschriebene – „Gendersprache" oder „Cancel Culture-Aktivitäten" sind solche negativen Erscheinungsformen eines falsch verstandenen Sendungsbewusstseins einer Minderheit.[53] Toleranz, die ebenfalls zur Demokratie gehört, bedeutet nicht Selbstaufgabe.[54] Und Demokratie kann auch nie absolut sein – vor allem nach dem Grundgesetz, das über Art. 28 Abs. 1 GG auch die verfassungsrechtliche und politische Ordnung in den Ländern prägt, ist sie ein wesentliches Staatsstrukturprinzip, aber eben auch nur

eines von mehreren, das mit Republik, Rechtsstaat, Sozialstaat und Bundesstaat immer wieder in Einklang gebracht werden muss. Gerade das Verhältnis zu → Rechtsstaat und → Republik bereitet mit Blick auf manch politische Machtvorstellung Sorgen. Daher muss auch im Kontext der Demokratie an ein wesentliches republikanisches Element erinnert werden: Das Republikprinzip verlangt eine Bestenauslese für die staatliche Funktionsausübung.

Für all das Vorgenannte bedarf es stetiger politischer Bildung in Schulen, Universitäten und anderen Einrichtungen. Dies ist letztlich eine zeitlose Erkenntnis, wie dieses Zitat von *Franz von Holtzendorff* aus dem 19. Jahrhundert zeigt: „Wie hoch immer der Vortheil umfassender Lebenserfahrung des Einzelnen zu veranschlagen ist, so darf man doch nicht verkennen, dass in den freien Staaten die politische Bildung nicht den Zufälligkeiten unserer gesellschaftlichen Umgebung völlig preisgegeben werden darf, sondern auf eine wissenschaftlich haltbare Grundlage zu stellen ist."[55] Junge Menschen müssen selbst die Gefahren, die von konkurrierenden politischen Systemen, aber auch von Populisten ausgehen, erkennen und ihnen begegnen können. Dazu gehört auch das Bewusstsein bezüglich der Zerstörung der (demokratischen) öffentlichen Meinung durch bestimmte Entwicklungen der Digitalisierung: Vor allem das von der Hoffnung auf Wahrnehmung getriebene Engagement von Amtsträgern und Politikern in den „sozialen Netzwerken", die von wenig am Gemeinwohl, sondern am persönlichen Profit orientierten privaten „Torwächtern" betrieben werden, schadet letztlich der öffentlichen Meinung und der Demokratie. Die merkwürdigen Entwicklungen von „Twitter" nach dem Kauf durch *Elon Musk* verdeutlichen einmal mehr die zerstörerische Kraft der „sozialen" Netzwerke für die öffentliche Meinung, die eine Existenzvoraussetzung für unser demokratisches System ist.[56] Leider sägen auch die „klassischen" Medien massiv an dem Ast, auf dem sie sitzen, indem sie politischen Äußerungen auf derartigen privaten Plattformen eine übertriebene Aufmerksamkeit widmen.

Entscheidend sind am Ende für die gute Entwicklung der Demokratie einzelne Personen – Menschen und damit einzelne Akteure entscheiden über die Zukunft des demokratischen Rechtsstaats.[57] Nur sie können ihren Ämtern die dringend erforderliche Amtswürde zuführen, und ihre Mandatsausübung entscheidet über das „Ansehen der Politik", ob es als gemeinwohlorientiert oder nur eigennützig wahrgenommen wird. Und gleichzeitig benötigt die Demokratie politisch gebildete und engagierte Bürgerinnen und Bürger,[58] die „den" Politikern immer wieder verdeutlichen, dass ihr Mandant nur eine Herrschaftsausübung auf Zeit beinhaltet und der stetigen Rückkoppelung mit den Legitimationsgebern bedarf. Wenn Politik überzeugend und wahrhaftig dem Gemeinwohl dient, dann – aber auch nur dann – verträgt die Demokratie auch mehr Symbolik, Ikonographie oder bildhafte Machtentfaltung.[59] Dies meint aber die Symbolik von Institutionen und Verfahren, nicht den Ausbau des Personenkults, der von persönlicher Eitelkeit oder gar Profilneurosen einzelner Politiker getrieben und mit einer Herrschaftsmandatierung auf Zeit schwer vereinbar ist.

E – Energiewende / Erneuerbare Energien

Die Energiewende ist schon wegen der Bekämpfung – oder vielleicht genauer: Abmilderung –des Klimawandels weltweit zu einem „Megathema" geworden. Nach vielen theoretischen Erkenntnissen und wissenschaftlichen Warnungen steht die Energiewende nun aber aufgrund der Energieverknappung als Folge des russischen Angriffskriegs auf die Ukraine auch in Deutschland und in Schleswig-Holstein ganz weit oben auf der Agenda wichtiger politischer und praktischer Themen. Schleswig-Holstein hat dabei beste Voraussetzungen, diese Energiewende als erstes Land zu bewältigen und die Menschen dauerhaft mit günstigem Strom zu versorgen. Schon heute ist Schleswig-Holstein zumindest rechnerisch autark – im Jahr 2022 waren bereits 160 % der eigenen Stromversorgung aus erneuerbaren Energien möglich. Vor allem Windenergie ist schon lange die größte Energiequelle aus erneuerbaren Energien, die vielfältige Möglichkeiten eines nachhaltigen industriellen Umbaus eröffnen. Derzeit produziert Schleswig-Holstein rund 7,0

Gigawatt Windenergie onshore und 1,8 Gigawatt offshore mithilfe von sechs Windparks in der Nordsee (Stand: Anfang Juli 2022). Hinzu kommen rund 1,7 Gigawatt aus Photovoltaik und 0,5 Gigawatt aus Biomasse.[60] Dies bedeutet, dass in Schleswig-Holstein im Jahre 2020 insgesamt 24,8 Millionen Megawattstunden Strom aus erneuerbaren Energien erzeugt worden sind. Das sind 63,2 % der gesamten Stromproduktion, während der Anteil der Kernenergie 2020 noch 26,9 % und die fossilen Energieträger nur noch einen Anteil von 9,3 % ausmachten. Rechnerisch konnte der gesamte Stromverbrauch in Schleswig-Holstein, der rund 15,8 Millionen Megawattstunden beträgt, somit zu rund 160 % aus erneuerbaren Energien gedeckt werden.[61] Diese an sich sehr positive Bilanz wird aber nach wie vor durch die ärgerlichen rechtlichen Rahmenbedingungen und das Problem des fehlenden Netzausbaus in Deutschland getrübt.[62] Die Steigerung der Produktion erneuerbarer Energien führt angesichts der Schwierigkeiten des Abtransports immer noch zum Abschalten von Windrädern – und der Ausbau der Photovoltaik verschärft dieses Problem noch. Der Netzausbau ist ein lange bekanntes, dauerhaftes und in Deutschland immer noch nicht gelöstes Problem. Im Jahre 2021 mussten 1.356 Gigawattstunden onshore und 500 Gigawattstunden offshore abgeschaltet werden, weil die Netzkapazität für eine solche Stromproduktion nicht genügte. Das führte zu Entschädigungsansprüchen der Windkraftbetreiber in Höhe von 238 Millionen Euro allein im Jahr 2021,[63] die natürlich volkswirtschaftlicher Unfug sind. Besonders ärgerlich ist die Bestrafung der schleswig-holsteinischen Stromkunden in Gestalt von höheren Strompreisen, weil diese Entschädigungszahlungen vor allem durch die EEG-Umlage gedeckt sind. Dieses seit vielen Jahren bekannte Problem hat es angesichts der steigenden Energiepreise nun auch auf die bundespolitische Agenda geschafft; derzeit ist die EEG-Umlage ausgesetzt. Gerechter dürfte es sein, diese Umlage auf alle Stromkunden in Deutschland umzulegen oder die bei dem Netzausbau zögerlichen südlichen Bundesländer damit zu belasten, nicht aber die Menschen in Schleswig-Holstein zu bestrafen, die Windräder und Netze schon seit Langem akzeptieren und so ihren wesentlichen Beitrag zur Energiewende leisten. Diese merkwürdige Ungerechtigkeit ist aber letztlich nur ein Beispiel dafür, dass generell die Energiemärkte nicht richtig funktionieren, wenn man etwa an die Orientierung des Strompreises am teuersten Produzenten denkt, die aktuell dazu führt, dass der gesamte Strompreis sich an dem aus Gas erzeugten Strom orientiert.

Bei aller Euphorie über den Ausbau erneuerbarer Energien dürfen die Interessen der Menschen und vor allem auch der Schutz von Landschaft, Natur und Umwelt, aber auch landwirtschaftlichen Flächen nicht vernachlässigt werden. Nur weil der aktuelle Energiemangel zu fragwürdigen Subventionierungen bestimmter Maßnahmen seitens der Politik führen oder auch ideologisch motivierte Ideen vorangetrieben werden sollen, bedarf es doch ganzheitlicher Konzepte für eine erfolgreiche Energiewende. Und ein großer Flächenverbrauch lässt sich für Windkraft und nun erst recht für Photovoltaik nicht leugnen. Und auch weitere Beeinträchtigungen lassen sich für unmittelbare Anlieger von Anlagen erneuerbarer Energien nicht wegdiskutieren. So leidet die Akzeptanz vieler Menschen durchaus – sie darf allerdings nicht schwinden. Denn dann wird das Ziel der aktuellen Landesregierung, Schleswig-Holstein zu ersten klimaneutralen Industrieland Deutschlands zu machen,[64] nicht gelingen können. Dafür soll die Stromerzeugung aus erneuerbaren Energien allein an Land bis 2030 auf 40-45 Terrawattstunden pro Jahr angehoben werden.[65]

Die Zielsetzungen sind nachvollziehbar und durchaus geeignet, das Glück Schleswig-Holsteins zu erhalten. Damit die Ziele aber auch erreicht werden können, sind innovative Lösungen gefragt und unbedingt schnell zu entwickeln: So rückt nun endlich auch die Produktion von „grünem Wasserstoff", also klimaneutral aus erneuerbaren Energien produziertem Wasserstoff, in den Fokus, der als Energieträger weitere Einsatzmöglichkeiten erneuerbarer Energien eröffnet und bei Produktion vor Ort das ärgerliche Abschalten von Windrädern verhindert. Auf diese Weise könnten nicht nur Schwerlast- und Individualverkehr, sondern auch die Möglichkeiten häuslicher Wärmeerzeugung neue Perspektiven erhalten. Wasserstoff ließe sich auch an bestehenden Tankstellen sowie mithilfe von existenten Gasleitungen zu den benötigten Einsatzorten bringen, ohne dass eine illusorische flächendeckende Ladestruktur für E-Mobilität eingerichtet wird. Eine andere Idee betrifft die Kombination von Windkraft und Photovoltaik: Angesichts des erheblichen Flächenverbrauchs leuchtet es nicht ein, dass Flächen entweder (nur) für Windkraft oder (nur) für Photovoltaik genutzt werden. Es wäre durchaus möglich, die nicht unerheblichen Flächen von Windkraftanlagen (Sockel, Turm, Rotorblätter) mit entsprechenden Solarzellen auszustatten, so dass an einem Standort und sogar bei windbedingtem Stillstand der Rotorblätter Energie aus zwei erneuerbaren Energiequellen an einem Standort produziert wird. Wissenschaft, Wirtschaft, Gesellschaft und auch staatliche wie kommunale Verwaltungen sind aufgefordert, an solchen innovativen Lösungen zu arbeiten. Ein dadurch bewirkter gesellschaftlicher Fortschritt und die erfolgreiche Umstellung auf nachhaltige Energien ohne Abhängigkeit von russischen oder anderen Autokraten sorgen am Ende zusätzlich auch für die Zufriedenheit all derer, die daran mitarbeiten. Vor allem aber fehlen immer noch Konzepte für den dezentralen Ausbau und für eine lokale Energieautarkie. Wenn Energie dezentral erzeugt und auch sofort verteilt wird, dann stören die fehlenden Netze in den Süden den schnelleren Ausbau erneuerbarer Energien nicht mehr. Vor allem entsteht der große Vorteil, dass die Wertschöpfung aus der Energieerzeugung unmittelbar vor Ort stattfinden kann. So bietet es sich an, verschiedene dezentral erzeugte Energien zur Versorgung von Dörfern, Stadtteilen etc. mithilfe intelligenter „smarter" Konzepte vor Ort zusammenzuschalten. Nicht alle Einwohnerinnen und Einwohner Schleswig-Holsteins werden künftig in der Lage sein, selbst Solarpaneelen auf das Dach und eine Wärmepumpe an das Haus zu bauen. Insofern bietet es sich doch an, die Solarenergie von Hausdächern, Schulen, Turnhallen, Rathäusern, am Ortsrand gelegenen Windrädern und Biogasanlagen in ein gemeinsames lokales Konzept einzubringen, um auch Mehrfamilienhäuser, die selbst eine Energieautarkie nicht erreichen können, lokal mitzuversorgen. Dafür bieten sich auch interessante Organisationsmodelle wie die → öffentlich-rechtliche Genossenschaft an. Denn der derzeitige Wildwuchs privater Photovoltaik-Anlagen erscheint betriebs- und volkswirtschaftlich ebenfalls wenig sinnvoll, zumal der eingespeiste Strom für die Abschaltung von Windkraftanlagen sorgt, weil die Netze auf länger absehbare Zeit nicht ausreichen. Insofern sind also kommunale Lösungen gefragt, um die dort vorhandenen und wirtschaftlich sinnvoll zu schaffenden Energieproduktionen zusammenzuschalten. Solche positiven Beispiele gibt es bereits – von Reit im Winkl bis zur dänischen Insel Alsen, auf der jetzt vier Dörfer ein gemeinsames Fernwärmewerk planen, das von einer Wärmepumpe betrieben wird.[66]

Nun wird nicht jede ehrenamtlich verwaltete Gemeinde in der Lage sein, ein solches Konzept selbst zu entwickeln und ehrenamtlich auf den Weg zu bringen. An dieser Stelle ist das Land Schleswig-Holstein gefragt, um Konzepte für solche dezentralen Versorgungslösungen zu erarbeiten, die dann auf kommunaler Ebene mithilfe verschiedener Akteure umgesetzt werden können. Als begleitendes und koordinierendes Gremium käme ein Klima- und Transformationsrat in Betracht, der beim Schleswig-Holsteinischen Landtag angesiedelt ist und dann sowohl die Abgeordneten und Fraktionen sowie Landesbehörden und Kommunen berät.[67] Ein solcher Klima- und Transformationsrat muss allerdings die konkrete Umsetzung der Energiewende vor Ort begleiten und daher über entsprechenden wissenschaftlichen, wirtschaftlichen, rechtlichen und kommunalen Sachverstand verfügen. Die Warnungen vor dem Klimawandel und seinen möglichen Folgen sind mittlerweile bekannt – angesichts der Knappheit, Endlichkeit und Gefahr fossiler Energien ist es nun an der Zeit für konkrete Lösungen.

Entscheidend für den Erfolg der Energiewende in Schleswig-Holstein wird aber sein, dass die Wertschöpfung aus erneuerbaren Energien vor Ort bleiben muss, wenn die Akzeptanz bei den Bürgerinnen und Bürgern gewahrt bleiben soll. Auch dies spricht für dezentrale und beispielsweise genossenschaftliche Lösungen, um nicht die Last der Energieerzeugung den Menschen vor Ort aufzubürden, die Gewinne aber in ferne Konzernzentralen zu transferieren. Dies war vielfach ein Fehler „alter" Energieerzeugungskonzepte mit Kohle und Kernkraft – auch dieser Fehler sollte nicht wiederholt werden. Die Renditeverteilung muss gerecht sein und eine Möglichkeit dafür ist die → öffentlich-rechtliche Genossenschaft. Auf der anderen Seite ist deutlich zu betonen, dass Schleswig-Holstein alle Voraussetzungen hat, um die Energiewende mithilfe erneuerbarer Energien erfolgreich zu gestalten, die Versorgung der Menschen und der Industrie mit sauberen, nachhaltigen und kostengünstigen Energien sicherzustellen und auf diese Weise eine weitere Voraussetzung für Wohlstand und Glück künftiger Generationen zu schaffen.

F – Freiheit

„Einigkeit und Recht und Freiheit sind des Glückes Unterpfand" – so heißt es mit Recht in der deutschen Nationalhymne, deren Text *Heinrich Hoffmann von Fallersleben* 1841 auf Helgoland verfasste.[68] Ohne Freiheit gibt es also kein (echtes) Glück. Natürlich ist Freiheit keine allein schleswig-holsteinische Angelegenheit, sondern ein Menschheitsthema. Denn nur die (persönliche) Freiheit wird dem Menschen und seiner Menschenwürde gerecht. Freiheit und Menschenwürde gehören zusammen. Noch immer lesenswert ist *Giovanni Pico della Mirandola*, der schon am Ende des 15. Jahrhunderts eine moderne, auf den freien Willen des Individuums abstellende Konzeption der Menschenwürde entwickelt hat:[69] „Du wirst von allen Einschränkungen frei nach deinem eigenen freien Willen, dem ich dich überlassen habe, dir selbst deine Natur bestimmen". Schon früh ist somit inhaltlicher Kern der Menschenwürde die radikale Freiheit zur eigenverantwortlichen Selbstbestimmung.[70] „Freiheit" ist aber auch schon lange ein deutsches Thema – die „teutsche Freyheit" war allerdings nicht die im heutigen Sinne allen Menschen gleich zustehende Individualfreiheit, sondern auf die Reichsglieder und Stände bezogen.[71] Aber die Wahrung verfassungsmäßiger Freiheitsrechte, ggf. auch mithilfe gerichtlichen Rechtsschutzes[72], ist der wesentliche Grundgedanke, der mit der liberal ge-

dachten Wertschätzung des einzelnen Menschen im Verbund den Durchbruch seit dem 18. Jahrhundert erlebte.[73] Einen wesentlichen Schub für das Freiheitsdenken und die Individualfreiheit bewirkte *Martin Luther*, der die Freiheit des Willens in weltlichen Dingen propagierte.[74] Damit darf die Bedeutung des → Christentums für unser Freiheitsdenken nicht vergessen werden. Die philosophische Grundlegung der Individualfreiheit erfolgte dann im deutschen Idealismus.[75] Die „teutsche Freyheit" ist also zunächst Teil und Ausprägung der landständischen Verfassung, die sich aber in Deutschland sehr unterschiedlich entwickelt hat, vor allem in Abhängigkeit von der jeweiligen Grundherrschaft sowie mit großen Unterschieden zwischen Stadt und Land.[76] Besondere Entwicklungen gab es aber gerade auch in Schleswig-Holstein, und deshalb ist Freiheit eben auch ein besonderes schleswig-holsteinisches Thema: Neben Lübeck mit seiner republikanischen Verfassung waren es vor allem die Bauernrepublik Dithmarschen[77] und Nordfriesland,[78] die schon früh ein Bewusstsein für Freiheit in Schleswig-Holstein entwickelt haben. Der Überlieferung nach sollen die Friesen ihre Privilegien und ihre Freiheit schon von *Karl dem Großen* erhalten haben, und zwar als Dank für ihre kämpferische Unterstützung beim Zug Karls nach Rom im Jahre 800, der mit der Kaiserkrönung am Weihnachtstag seinen Höhepunkt fand.[79]
Die persönliche Freiheit macht auch Inhalt und Kern des Bürgerstatus aus. Kennzeichnend für den Bürgerstatus ist neben seiner formalrechtlichen Zuordnungsfunktion zum jeweiligen Volk vor allem seine materielle Seite. Diese beinhaltet das Versprechen, die Garantie von Schutz und Freiheit gegen die Treueverpflichtung des Bürgers.[80] Die persönliche Freiheit macht somit den Bürgerstatus aus und bildet die Grundlage für → Demokratie und → Republik. Ein derartiges Freiheitsverständnis hat in Schleswig-Holstein auch eine lange verfassungsrechtliche Tradition: Schon Art. 16 Abs. 1 Schleswig-Holsteinisches Staatsgrundgesetz vom 15. September 1848 bestimmt: „Die Freiheit der Person ist unverletzlich", identisch formuliert im Übrigen heute Art. 2 Abs. 2 S. 2 Grundgesetz. Und die dauerhafte Sicherung der Freiheit ist auch ein in der Präambel unserer heutigen Landesverfassung niedergelegtes Ziel.

Nun ist die Freiheit des Menschen, solange es sie gibt, immer auch bedroht. Derzeit finden sich allerdings zahlreiche, sehr ernstzunehmende Bedrohungen der Freiheit, denen bis 2030 auch in Schleswig-Holstein erfolgreich begegnet werden muss. Zu nennen sind hier zuallererst Freiheitsbedrohungen von außen, also durch andere Staaten. 30 Jahre lang sind wird davon ausgegangen, dass die „neue" Weltordnung unsere Freiheit nicht mehr bedroht. Dementsprechend hat Deutschland auch seine Verteidigungsfähigkeit massiv herabgesetzt, was an dem erheblichen Abbau der Bundeswehr in Schleswig-Holstein deutlich geworden ist. Seit dem völkerrechtswidrigen Angriffskrieg Russlands gegen die Ukraine wissen wir aber nun endgültig, dass Freiheit immer wieder auch von außen bedroht ist. Wir befinden uns – ob wir es wollen oder nicht – in einem intensiven Wettbewerb politischer Systeme, der von Staaten wie Russland, China, Türkei oder Iran auch aktiv betrieben wird. Diese freiheitsverneinenden Systeme werden mit geschickter Propaganda auch noch als dem westlichen freiheitlichen System überlegen angepriesen. Daran lässt sich zugleich ein Problem des Funktionierens der → Demokratie ablesen: Unser demokratisches System hat diese Bedrohung lange unterschätzt und möglicherweise immer noch nicht in all seinen Dimensionen erkannt. Hier müssen wir an einigen Stellschrauben unserer demokratischen Herrschaftsordnung Veränderungen vornehmen, um Resilienz und Verteidigungsbereitschaft gegenüber solchen äußeren Bedrohungen, die heutzutage vor allem mithilfe digitaler Instrumente erfolgen, erfolgreich entgegentreten zu können. Die Freiheitsbeschränkungen in autoritären Systemen sollten uns Schleswig-Holsteinern – gerade mit Blick auf die jüngere deutsche Geschichte (NS-Diktatur, aber auch die SED-Diktatur in unseren Nachbar-Bundesländern) – Warnung genug sein.

Aber auch von innen heraus, also aus der Gesellschaft, aber auch von unserem eigenen Staat aus drohen uns aktuell zahlreiche Bedrohungen unserer Freiheit. Stichworte wie „Cancel Culture", die Debatte über kulturelle Aneignung, Identitätspolitik oder politische Korrektheit[81] kennzeichnen einige der aktuellen Gefahren für unsere freiheitliche Gesellschaftsordnung. Mit Sorge ist zu beobachten, dass der Korridor des Denk- und Sagbaren aus Sicht mancher Aktivisten, die eine absolute Minderheit in der Gesellschaft darstellen, nach ihren Vorstellungen beschränkt werden soll. Dies widerspricht dem Toleranzgedanken und den Freiheitsrechten des Grundgesetzes, die das Denken und Sagen auch von abwegigen und anstößigen Auffassungen erlauben. Denn nur ein solch freiheitlicher Diskurs sichert eine freiheitliche Gesellschaft. Mit Sorge ist insoweit zu beobachten, dass Minderheiten der Mehrheit ihre „Weltsicht" aufzwängen wollen und mittlerweile auch vor der Sprache nicht haltmachen. Ohne Frage ist es das gute Recht aller Menschen, nach ihren Vorstellungen und ihren Gefühlen eine sexuelle Orientierung zu haben und sie auch auszuleben, sofern sie nicht Rechte anderer verletzen (etwa bei Pädophilie). Weder Minderheitenschutz noch Toleranzgedanke gebieten es aber, dass die Mehrheit sich nun die (Gender-)Sprache von dieser Minderheit diktieren lässt. Wenn man den Ansatz der Gendersprache ernst nehmen wollte, so müsste neben dem hochgestellten Sternchen in der Wortmitte demnächst auch ein hochgestellter kleiner Pinguin zu sehen sein, der die Gruppe der immer kleiner werdenden „alten, weißen Männer" inkludiert, zu der der Verfasser dieser Zeilen nun vermutlich auch gerechnet werden wird. Hier ist der Übergang zu „Cancel Culture"-Debatten fließend, die nun allen Ernstes rückwirkend Texte, Bilder, Musik, wissenschaftliche Literatur und Kunstwerke aller Art auf die „politische Korrektheit" aus heutiger Warte untersuchen wollen. Dies ist nicht nur unhistorisch, sondern eine Form der Zensur, die allenfalls einer Diktatur ansteht. Selbst vor gut 200 Jahren wäre niemand auf die Idee gekommen, Goethe oder Schiller Vorgaben des politisch korrekten Sprechens zu machen oder ihre Texte deshalb zu verbieten, weil sie sich in ihren Dramen antiker oder mittelalterlicher Themen annahmen. Heute aber sollen Texte daraufhin rückwirkend (!) durchgesehen und zensiert werden. Winnetou lässt grüßen.

Gerade auch mit Blick auf die Wissenschaftsfreiheit ist derzeit eine ungute Entwicklung zu konstatieren: Vorlesungen und Vortragsveranstaltungen werden von selbsternannten Minderheitenaktivisten „gecancelt", also gestört und verhindert. Und so manch Hochschulleitung sagt derartige Veranstaltungen bereits von vornherein ab, weil eventuell Störungen zu erwarten sein könnten. Eine derartige Feigheit gab es nicht einmal zur Hochzeit der 68er-Bewegung in deutschen Hochschulpräsidien zu besichtigen. Vor allem aber wird bei politischer oder persönlicher Ablehnung zugleich auf das wissenschaftliche Werk zurückgeschlossen. So sah sich der C. H. Beck-Verlag einer öffentlichen Kampagne ausgesetzt, den früheren Präsidenten des Bundesamts für Verfassungsschutz *Maaßen* aus den im Verlag veröffentlichten Werken zu entfernen, weil *Maaßen* – unabhängig von seinem wissenschaftlichen Wirken – politisch provokativ unterwegs war. Auch ich teile viele Äußerungen von *Maaßen* in seinem politischen Wirken nicht, doch kann dies doch nicht zu einem Ausschluss eines Autors von der Mitwirkung an einem wissenschaftlichen Kommentierungswerk führen, sofern er dort methodisch und wissenschaftlich korrekt arbeitet. Nicht zuletzt aufgrund der Unterstützung durch einen offenen Brief zahlreicher Wissenschaftlerinnen und Wissenschaftler ist der Verlag zunächst nicht auf derartige Forderungen eingegangen, schließlich aber doch aus Sorge vor wirtschaftlichen Nachteilen „eingeknickt".

Und auch die Corona-Pandemie hat gezeigt, wie schnell auch staatliche Stellen die Freiheit nicht mehr so gewichten, wie es den Vorstellungen unserer Verfassung entspricht. Ohne Frage waren die meisten staatlichen Maßnahmen erforderlich und daher auch richtig, solange genaue wissenschaftliche Erkenntnisse, Impfstoffe und Medikamente fehlten. Freiheitsbeschränkungen müssen aber immer verhältnismäßig sein, und wenn das angestrebte Ziel durch sie überhaupt nicht erreicht werden kann, so hat der Staat sie zu unterlassen. So waren Kontaktbeschränkungen und so manch Lockdown durchaus verhältnismäßig, auch wenn sie – gerade für Gewerbetreibende – durchaus erhebliche Härten bedeuten konnten. Nicht verhältnismäßig waren hingegen Ausgangsbeschränkungen, wie sie der Freistaat Bayern Ende März 2020 angeordnet hatte.[82] Viele Maßnahmen wurden durch großzügige staatliche Entschädigungszahlungen abgefedert, so dass dadurch die Verhältnismäßigkeit gewahrt wurde.

Allerdings können auch ausufernde staatliche Leistungen, die letztlich nur das „Steuer"-Geld der Bürgerinnen und Bürger verteilen, die Freiheit bedrohen. So ist es auf den ersten Blick vielleicht eine gute Nachricht, dass die Zahl der Berechtigten für den Empfang von Wohngeld im Zuge der Einführung des „Bürgergeldes" steigen wird. Freiheitssichernder wäre es allerdings, wenn die betroffenen Menschen nicht zu den Sozialbehörden laufen müssten und der Staat die Umfeldbedingungen so gestalten würde, dass in solchen Fällen gar nicht erst ein staatlicher Leistungsbezug notwendig wird. Auch staatliche Leistungen und Umverteilungen können Freiheit ersticken. Dies ist die hohe Kunst der Politik, den Mittelweg zwischen sozialer Absicherung und Sicherung der Freiheit immer wieder aufs Neue zu finden. Freiheit ist das höchste Gut.[83] Freiheit ist aber unabdingbare Grundlage des Glücks – zum Erhalt des Glücks muss daher die Freiheit verteidigt werden.

G – Genossenschaft, öffentlich-rechtliche

In Büsum herrschte vor einigen Jahren akuter Ärztemangel. Die niedergelassenen Ärzte hatten das Rentenalter erreicht, fanden jedoch keine Nachfolge für ihre Praxis. Die Gemeinde Büsum entschied sich, von der Möglichkeit des § 95a Abs. 1 a S. 1 SGB V Gebrauch zu machen, selbst Betreiber der Arztpraxis, genauer: eines Medizinischen Versorgungszentrums zu werden. So entstand die Ärztezentrum Büsum gGmbH, die im April 2015 als bundesweit erste kommunale Eigeneinrichtung für die medizinische Versorgung der Bürger und Urlauber gegründet wurde.[84] Die Gemeinde Büsum ist Trägerin des Medizinischen Versorgungszentrums, beschäftigt die Ärzte als Angestellte und kümmert sich gezielt um Nachwuchsgewinnung. Der Vorteil für die Ärzte und das andere medizinische Fachpersonal liegt darin, dass sie sich nicht um die Verwaltung kümmern müssen, denn Administration, IT und Personalmanagement werden von einem externen Dienstleister erledigt.[85] Das Medizinische Versorgungszentrum (MVZ) Pellworm ist dem Beispiel aus Dithmarschen gefolgt, und mittlerweile gibt es ver-

gleichbare Projekte in Rheinland-Pfalz, Bayern und den neuen Bundesländern. Damit ist ein erfolgreiches Modell gelungen, um dem Ärztemangel auf dem Land zu begegnen.
Das Beispiel zeigt aber auch, dass es den verantwortlichen Gebietskörperschaften immer schwerer fällt, die infrastrukturellen Voraussetzungen für ein „gutes" Leben im ländlichen Raum zu gewährleisten. Digitalisierung, demografischer Wandel, soziale Aufgaben und Kinderbetreuung sind nur schlaglichtartige Beispiele für die komplexen Herausforderungen, vor denen der ländliche Raum steht. Hinzu kommt, dass junge Unternehmensgründer häufig auch die erhebliche Kapitalinvestition, die für sie eine hohe Verschuldung als Bürde für den Staat in die Selbstständigkeit bedeutet, scheuen. Auf der anderen Seite kann das vor Ort durchaus vorhandene Kapital und/oder Engagement der Bürgerinnen und Bürger, das ja durchaus erwünscht und benötigt wäre, bei der Lösung dieser Probleme nicht einbezogen werden, da regelmäßig geeignete Organisationsmöglichkeiten fehlen. Die Gemeinden ihrerseits sind nicht in der Lage, alle infrastrukturellen Voraussetzungen und Daseinsvorsorge-Leistungen selbst zu erbringen. Der ländliche Raum ist in Schleswig-Holstein bedeutsam, weist aber längst gravierende Infrastruktur- und Daseinsvorsorge-Probleme auf (→ Ostenfeld). Der demografische Wandel, die Landflucht, der Fachkräftemangel, der Rückzug zahlreicher Banken, Sparkassen, Lebensmittelhändler, Apotheken etc. stellen eine ernsthafte Bedrohung für die Lebensfähigkeit ländlicher Räume dar. Über viele Jahre hinweg wurde zu wenig investiert, wie etwa der fehlende Breitbandausbau zeigt, aber auch Straßen, der Öffentliche Personennahverkehr, Schulen, Kindergärten und Sporteinrichtungen sind mahnende Beispiele. Ganz akut ist es die Gesundheitsversorgung durch Kliniken (insbesondere die Geburtshilfe) und Arztpraxen, die zum Schwinden der Attraktivität des ländlichen Raumes und mittelfristig dann zum Wegzug zahlreicher Menschen führt. Staatliches und kommunales Kapital fehlen für die Vielzahl an Aufgaben an allen Ecken und Enden, der Staat kann nicht mithilfe von Steuergeld all die Aufgaben erfüllen, die bislang von privaten Unternehmen und Freiberuflern erbracht wurden. Auf der an-

deren Seite ist privates Kapital auch in den ländlichen Räumen ausreichend vorhanden, doch kann es regelmäßig in die Aufgabenerfüllung nicht eingebracht werden. Wünschenswert wäre eine Aufgabenerfüllung unter gemeinsamer Beteiligung von Kommunen, privaten Akteuren wie Ärzten, Apothekern und Rechtsanwälten und auch den Bürgerinnen und Bürgern, die als Kunden das Angebot in der Regel noch besser akzeptieren, wenn sie selbst an Investitionen und Ertrag beteiligt sind. Dafür fehlt aber regelmäßig die Rechtsform. Es ist eben typisch deutsch: Entweder ist ein Handeln des Staates oder von Privaten vorgesehen. Das längst gebotene gemeinsame Anpacken wäre wünschenswert, ist rechtlich aber regelmäßig sehr schwierig. Auch für das Medizinische Versorgungszentrum fehlt eine solche Rechtsform, denn die im SGB V vorgesehene eingetragene Genossenschaft und die ebenfalls möglichen öffentlich-rechtlichen Rechtsformen (also Körperschaft, Anstalt und Stiftung) ermöglichen ein solches Zusammenwirken von Kommune, Freiberufler bzw. Gewerbetreibenden und Bürgerinnen und Bürgern gerade nicht. Ob es die Arztpraxis, die Apotheke oder das Kreditinstitut ist, oder ob die Lebensmittelversorgung, die Energieversorgung, die Kindertagesstätte oder der Wohnungsbau in Rede stehen, gemeinsame Lösungen sind bisher nicht möglich, wenn der Staat bzw. die Kommune ihre öffentliche Aufgabe und noch eigenes Kapital mit einbringen will. Darüber hinaus gibt es längst Erscheinungsformen der Daseinsvorsorge und wirtschaftliche Tätigkeiten, bei denen die Lastentragung vor Ort ist, Gewinne aber in weit entfernte Konzernzentralen abfließen. Der Ausbau der Windenergie, der Photovoltaik und andere Formen der Energieerzeugung sind insoweit abschreckende Beispiele. Ziel sollte es immer sein, dass die Bürgerinnen und Bürger, die vor Ort die Lasten tragen, auch an den Gewinnen beteiligt werden.

Dabei gäbe es eine organisationsrechtliche Lösung für die skizzierten Herausforderungen: Die Schaffung einer öffentlich-rechtlichen Genossenschaft als weitere Organisationsform der öffentlichen Verwaltung (neben Körperschaft, Anstalt und Stiftung) böte eine Möglichkeit, öffentliche Aufgaben in einer gemeinsam von Kommunen, staatlichen Behörden, gesellschaftlichen Gruppen und engagierten Bürgerinnen und Bürgern getragenen Organisation zu erledigen.[86] Der Genossenschaftsgedanke ist ja ohnehin eine typisch deutsche „Erfindung", die mit den Namen *Otto von Gierke, Georg Beseler* und auch *Lorenz von Stein* verbunden ist.[87] Alte Beispiele wie Deich- und Wassergenossenschaften belegen die Verschmelzung von öffentlichen Aufgaben und privater Beteiligung. Gerade in einer öffentlich-rechtlichen Genossenschaft kann der Solidargedanke besonders zum Tragen kommen und die Finanzierungsnotwendigkeiten für erhebliche Lasten erfolgreich bewältigen. Gerade öffentliche Aufgaben, die jeweils von besonderer regionaler Bedeutung sind, sind für eine solche genossenschaftliche Erledigung sehr geeignet. Denn die bislang allein existente *private* Genossenschaft ist ein Erfolgsmodell, aber eben bislang nur als private Unternehmung denkbar, weil das Genossenschaftsgesetz es so vorsieht. Gerade im Wohnungsbaubereich haben Genossenschaften in Schleswig-Holstein segensreich gewirkt, wie die Beispiele der Wankendorfer Baugenossenschaft oder der Baugenossenschaft Mittelholstein zeigen.

Um aber nun öffentliche Aufgabe und privates Kapital zusammenbringen zu können, bedarf es einer neuen Rechtsform, die öffentliche Aufgabe, kommunale Mitwirkung, Einbringung privaten Kapitals und akzeptanzsichernde Mitbestimmung gleichermaßen sicherstellen. Insoweit besteht eine Regelungslücke, die allerdings der Landesgesetzgeber schließen könnte, da der Landesgesetzgeber die Gesetzgebungskompetenz für das Verwaltungsorganisationsrecht besitzt. Mit einer neuen Vorschrift im Landesverwaltungsgesetz und einem konkretisierenden Gesetz über die Errichtung öffentlich-rechtlicher Genossenschaften könnte der Landesgesetzgeber segensreich wirken. Ein solches Vorhaben war auch im Koalitionsvertrag der „Jamaika-Koalition" im Jahre 2017 enthalten, wurde dann aber vom Innenministerium nicht umgesetzt. Es ist aber nach wie vor nicht zu spät, um – wieder einmal – im Öffentlichen Recht innovativ zu sein. So wie die kommunalen Medizinischen Versorgungszentren von Schleswig-Holstein ihren Ausgang genommen haben, so kann auch die öffentlich-rechtliche Genossenschaft eine rechtliche Innovation für ganz Deutschland werden, Schleswig-Holstein aber den entscheidenden Vorteil für die Aufrechterhaltung lebenswerter Zustände im ländlichen Raum sichern - und damit für das Glück 2030 auch beim Leben in ländlichen Räumen mit einer hervorragenden Infrastruktur entscheidend sein.

H – Heimat

Oft vermisst man sie erst so richtig, wenn man sich nicht mehr hat. So ging es etwa *Lorenz von Stein*, der nach dem Scheitern der Schleswig-Holsteinischen Erhebung im Juni 1852 aus seinem Professorenamt an der Kieler Universität entfernt wurde[88], und auch viele nach dem Zweiten Weltkrieg nach Schleswig-Holstein geflohene Ostpreußen (und Pommern etc.) haben lange ihre „alte Heimat" vermisst, bevor sie in Schleswig-Holstein heimisch wurden. Deshalb gehört „Heimat" zu den „Glücksgründen", denn welches Glück wäre ohne Heimat vollkommen?

Schleswig-Holstein *ist* Heimat, und viele hier lebende Menschen empfinden dies auch so. Dies zeigt sich etwa daran, dass viele Landeskinder zum Studium in Schleswig-Holstein bleiben. Und wer beruflich das Land verlassen wollte oder musste, den zieht es häufig zurück – eben in die Heimat. Nach wie vor steigt die Einwohnerzahl Schleswig-Holsteins, auch weil längst Menschen aus anderen Teilen der Welt ihr Glück und ihre Heimat in Schleswig-Holstein suchen. Vielen von Ihnen ist Schleswig-Holstein schnell zur Heimat geworden, denn Schleswig-Holstein hat schon immer Zuwanderer erfolgreich integriert und sie hier heimisch werden lassen. Nach dem Zweiten Weltkrieg hat sich die Einwohnerzahl durch die Flüchtlinge aus den deutschen Ostgebieten, die längst hier heimisch geworden sind, fast verdoppelt, und auch der Verfasser wäre ohne diese erfolgreiche Integration wohl nicht zum (gebürtigen) Schleswig-Holsteiner geworden. Gleiches gilt seit vielen Jahren für andere Flüchtlinge, die hier ihre Heimat gefunden haben.

Ein prominentes Beispiel ist die aktuelle Sozialministerin *Aminata Touré*. Und selbst die Friesen sind erst seit ungefähr 670 n. Chr. nach Schleswig-Holstein eingewandert.[89]

Heimat gibt und prägt → Identität. Sie ein soziales Konstrukt und zugleich ein vielschichtiges Phänomen mit objektiven und subjektiven Bestandteilen. „Heimat ist zweifelsohne ein deutsches Wort mit einer ganz eigenen Biografie, die über einen langen Zeitraum entstanden ist und sich wie eine Kulturgeschichte der Regionen liest, die Deutschland heute ausmachen."[90] Zugleich ist der Begriff durch seine Aufladung im Nationalsozialismus in Verruf geraten, galt viele Jahre als antiquiert, verstaubt, im schlimmsten Fall gar als „rechts". Dem muss intensiv widersprochen werden – möglicherweise ist Heimat zwar typisch „deutsch" (und insoweit eben in der Tat identitätsbildend!), aber der Missbrauch durch NS-Ideologen und NS-Propaganda diskreditiert nicht einen älteren Begriff und ein bedeutsames Bedürfnis der Menschen; gleiches gilt im Übrigen für den Begriff der „Familie". Nach dem Missbrauch (auch) des Heimatbegriffes durch die Nationalsozialisten wird heute zum Glück wieder unbefangener über Heimat gesprochen.[91]

Aber was ist Heimat nun – eher ein Ort, ein Gefühl oder eine Sache? Es kann all dieses sein. Heimat ist ein Gefühl, das häufig mit einem Ort verbunden ist, sie ist ein Recht, sie ist das Fundament der eigenen Biografie und Persönlichkeit, sie hat große Bedeutung für die Ausbildung der eigenen Identität, und sie kann durchaus auch auf Gegenstände bezogen sein. Heimat ist dem Menschen seit Menschengedenken eigen und essentiell – schon die Bibel kennt Heimat[92], und genauso die Slawenchronik des Helmold von Bosau[93]. Entscheidend ist zunächst einmal die subjektive, die emotionale und die psychologische Komponente des Heimatbegriffs. Diese innere Seite der Heimat, die man als „Heimatgefühl" bezeichnen kann, besteht aus den individuellen Einstellungen zu Ort, Umfeld, Gesellschaft und letztlich auch persönlicher Geographie des einzelnen Menschen. All dies trägt zur Identitätsbildung bei, denn für die Herausbildung der eigenen → Identität benötigt der Mensch subjektive Abgrenzung, die in räumlich-kultureller Perspektive als Heimatbildung erfolgen.[94] Die Heimat, das Heimatgefühl besitzen für den Einzelnen eine konstituierende Bedeutung für die individuelle Persönlichkeit, weil die Identität eben ganz maßgeblich durch das Heimatgefühl geprägt wird und damit die Herausbildung der Persönlichkeit entscheidend von dem persönlichen, als Heimat empfundenen Umfeld abhängt. Daher gibt es auch ein verfassungsrechtlich geschütztes Recht auf Heimat[95], das sowohl die räumliche Umfeldbeziehung des Menschen als auch die emotionale Bindung des Einzelnen an das, was für ihn Heimat ausmacht, vor nicht gerechtfertigten staatlichen Eingriffen schützt. Dabei darf nicht übersehen werden, dass die Sehnsucht nach Heimat Idealisierung bewirkt, oftmals also ein idealisiertes Heimatbild entsteht, das mit der (früheren) Realität nicht mehr viel zu tun hat – genau dies ließ sich sehr deutlich an der Heimatvorstellung vieler Vertriebener nach dem Zweiten Weltkrieg beobachten. Jedenfalls bin ich der Überzeugung, dass wir es in einer globalen, entgrenzten Welt nur aushalten werden, wenn ein Heimatgefühl im Sinne einer persönlichkeitsprägenden inneren Einstellung zu einer bestimmten Region, zu einem bestimmten Ort oder eben sogar zu einem bestimmten Haus mit eigenen Gebräuchen und Charakteristika möglich und anerkannt ist.

Für das Glück und Glücksgefühl der Schleswig-Holsteiner wird es in unsicheren, beschleunigten, von Umbrüchen und Zeitenwenden gekennzeichneten Zeiten im Jahre 2030 erst recht darauf ankommen, dass sie das schönste Bundesland der Welt als Heimat empfinden. Auch daran kann und muss stetig gearbeitet werden. Institutionalisiert widmen sich dieser Arbeit z.B. der Schleswig-Holsteinische Heimatbund e.V., dem als Dachverband zahlreiche Gemeinden, Ämter und Vereine (vom Mühlen- bis zum Trachtenverein) angehören, oder der Freilichtmuseum Molfsee e.V. mit ca. 5.500 Mitgliedern um den Erhalt und die Pflege der Heimat, um die Bewahrung und Schaffung von Heimatgefühl. All dies gelingt nur mit umfangreicher → Privatinitiative in Gestalt ehrenamtlichen Engagements, das Heimat ebenfalls auszeichnet.

I – Identität

Ohne Identität kein Glück. Schon *Erasmus von Rotterdam* formulierte „die Einsicht, dass ein Mensch nur durch innere Werte glücklich ist. Reichtum, Ehre und Abstammung machen einen weder glücklich noch besser."[96] Zu den inneren Werten gehört auch die Identität. Der Weg zum Glück führt also auch über die eigene Identität, den Frieden und die Zufriedenheit mit dieser Identität. Die Identität ist ein sehr vielschichtiger und komplexer Begriff, schon weil sie Gegenstand zahlreicher Wissenschaftsdisziplinen ist. Gemeinhin anerkannt ist, dass sie eine individuelle und eine kollektive Ausprägung hat. Die individuelle Identität entsteht durch Selbsterkenntnis und Selbstgestaltung.[97] Die kollektive Identität bezieht sich auf die Gemeinschaft, in der der Mensch lebt. Sie erscheint häufig als nationale Identität, aber – wie man in Schleswig-Holstein oder Bayern sieht – auch als Landesidentität.

In den letzten gut 200 Jahren hat die Nation den Begriff der Identität ausgefüllt, und noch heute verpflichtet Art. 4 Abs. 2 S. 1 EUV die Europäische Union zur Achtung der jeweiligen nationalen Identität der Mitgliedstaaten, die in ihren grundlegenden politischen und verfassungsmäßigen Strukturen einschließlich der regionalen und lokalen Selbstverwaltung zum Ausdruck kommt. Gerade Schleswig-Holstein zeigt aber, dass es auch anders geht: Vor dem Nationalismus gab es ein friedliches Zusammenleben im dänischen Gesamtstaat, obwohl eine eigene schleswig-holsteinische Identität durchaus seit den Mittelalter auszumachen war. Und heute prägt gerade das friedliche Miteinander der (nationalen) Minderheiten die Identität. Die Überwindung des Nationalismus ohne Verluste der Identität – dies sollte das Ziel sein.[98] Diese Erkenntnis findet sich übrigens bereits Ende des 18. Jahrhunderts bei *Johann Wolfgang von Goethe* und *Friedrich Schiller* in ihren Xenien:[99]

„Zur *Nation* euch zu bilden, ihr hoffet es, Deutsche, vergebens.
Bildet, ihr könnt es, dafür freyer zu Menschen euch aus."

Aktuell finden sich unter dem Begriff der „Identitätspolitik" zahlreiche Bestrebungen versammelt, die vor dem Hintergrund eines fragwürdigen Minderheiten-, Kultur- und Geschichtsverständnisses der Mehrheit die Identität streitig machen wollen und Minderheitspositionen der Mehrheit aufzwingen wollen.[100] Ungute Beispiele finden sich in den Debatten über „Cancel Culture", kulturelle Aneignung, Postkolonialismus oder Gender-Sprech- und Schreibweisen. Selbst die Altertumswissenschaften werden nicht verschont, so dass wegen der angeblichen „historischen Schuld" die Abschaffung entsprechender Studiengänge und Fakultäten unumgänglich sei.[101] Interessanterweise treffen sich hier in der Regel linke und rechte Identitätsvorstellungen[102] – eine ungute Mischung, die aber auch in anderen Kontexten zu beobachten ist, wenn man an die Ablehnung von Corona-Maßnahmen, Verschwörungstheorien oder Antisemitismus denkt. Solcherlei erzwungene Identitätszuschreibungen, die historische Entwicklungen, freiwillige Zuordnungen und gewachsene Identitätsausprägungen negieren, sind undemokratisch und bedrohen die → Freiheit. Ihnen ist entschieden entgegenzutreten. Identität sollte nicht Gegenstand von (bewusster und zielgerichteter) Politik sein, sondern das Ergebnis eines Entwicklungsprozesses, den Individuum, Gesellschaft und Staat gemeinsam durchleben, der durch gemeinsames Erleben und Verarbeiten von Geschichte sowie Prägungen der Heimat beeinflusst wird und ohne staatliche Vorgaben entsteht.

So skeptisch man angesichts der aktuellen „Identitätspolitiken" gegenüber kollektiven Identitäten sein mag: Eine reine Individualisierung und damit eine nur individuelle Identität genügt auch nicht, um eine Gesellschaft zusammenzuhalten. „Ein inklusives Gefühl der nationalen Identität ist aus einer Reihe von Gründen wesentlich, wenn man eine erfolgreiche, moderne politische Ordnung aufrecht erhalten will."[103] In einem demokratischen Verfassungsstaat muss die kollektive Identität aber die individuellen Identitäten mindestens tolerieren, respektieren und schützen. Die Verbindung zwischen individueller und kollektiver bzw. nationaler Identität ist letztlich ein universales Verständnis von Würde, das Selbst- und Fremdachtung ermöglicht, und so die Grundlage für Freiheit und Gleichheit vor dem Gesetz ist.[104]

Nicht ohne Grund stellt das Grundgesetz die Menschenwürde an den Anfang der Verfassung. Zum Kern dieser Menschenwürde gehören der freie Wille und die diesen umsetzende Willens(entschließungs)freiheit. Die Voraussetzungen und inhaltlichen Prägungen der verfassungsrechtlichen Menschenwürdegarantie in Art. 1 Abs. 1 GG stammen aus der antiken Philosophie und dem → Christentum, wie die zentralen philosophischen Streitfragen des „freien Willens" und der „Gottebenbildlichkeit" des Menschen zeigen. Sie sind von und in der Renaissance bzw. dem Humanismus transportiert, ausgebaut und der Nachwelt erhalten worden. Schon bei *Giovanni Pico della Mirandola* wird am Ende des 15. Jahrhunderts eine moderne, auf den freien Willen des Individuums abstellende Konzeption der Menschenwürde entwickelt.[105] Die Menschenwürde erscheint als Eigenschaft, die Gott dem Menschen mitgegeben hat, nämlich Bildner und Gestalter seiner Selbst zu sein.[106] Schon bei *Pico della Mirandola* ist somit inhaltlicher Kern der Menschenwürde die radikale Freiheit zur eigenverantwortlichen Selbstbestimmung, aus der dann auch die eigene Identität folgt. Das Grundgesetz knüpft ganz bewusst an diese geistesgeschichtliche Tradition an, die über *Kant, Hegel* und viele andere diese Idee der Menschenwürde überliefert hat.[107] Dem Staat können Würde und daraus folgende Identität des Menschen nicht egal sein, er darf sie aber nicht nach eigenen politischen Vorstellungen prägen wollen, da er dann die Würde- und Identitätsgarantie des Individuums verletzt. Allerdings können Staat und Politik viel zur Identitätswahrung beitragen: Hinsichtlich der individuellen Identität ist es wichtig, die Würde *aller* Menschen zu wahren und sicherzustellen. Und zur kollektiven Identität kann der Staat durch Bildungsangebote und entsprechende Erinnerungskultur ebenfalls beitragen. Eine von singulären Interessen geleitete Identitätspolitik kann zur Spaltung der Gesellschaft führen. Eine kollektive Identität wird hingegen zur Herstellung und Sicherstellung von Einheit und damit zur Schaffung eines stabilen Gemeinwesens gefordert.[108]

Identität verlangt insoweit nach einer einheitsstiftenden Idee. Für Schleswig-Holstein könnte – um einen 175. Jahrestag im Jahre 2023 aufzugreifen – diese einheitsstiftende Idee u.a. in der Anknüpfung an das Staatsgrundgesetz vom 15. September 1848 liegen. Dieses war die erste freiheitliche, rechtsstaatliche und demokratische Verfassung auf schleswig-holsteinischem Boden. Das Staatsgrundgesetz hat die Idee einer freiheitlichen und bürgerschaftlichen Identität garantiert, nämlich Schutz und Freiheit gegen die Treueverpflichtung des Bürgers.[109] Mit Stolz können wir Schleswig-Holsteiner jedenfalls das Staatsgrundgesetz vom 15. September 1848 als positiven Ausdruck unserer Identität begreifen. Diese Verfassung hat das Zeug zu einer einheitsstiftenden Idee. Einheit kann und muss durch Verfassung erzielt werden. Ein bloß formaler Akt genügt hierfür jedoch nicht. Erforderlich ist eben eine einheitsstiftende Idee, welche die Menschen inhaltlich eint und ihre Bereitschaft weckt, sich von der Verfassung in eine Herrschaftsordnung und damit zu einer kollektiven Identität zusammenfassen zu lassen. → Heimat prägt Identität – gemeinsame Geschichte ebenso. Gerade für unsere schleswig-holsteinische Landesidentität spielt die → Heimat eine große Rolle.[110] So wird auch die politische, kulturelle und gesellschaftliche Betonung von Schleswig-Holstein als „nördlich(st)em" Bundesland als eine kulturelle Identitätskonstruktion angesehen.[111]

Aber noch einmal zurück zur Geschichte, die sehr stark identitätsbildend ist. Auch die Präambel unserer schleswig-holsteinischen Landesverfassung mahnt zum Bewusstsein der eigenen Geschichte: Gerade die Erfahrungen mit und in der nationalsozialistischen Unrechtsdiktatur prägen ohne Frage die kollektive Identität und sind insoweit immer als Mahnung zur berücksichtigen. Aber es ist eben auch an die positiven Aspekte der schleswig-holsteinischen Verfassungsgeschichte als identitätsstiftende Merkmale zu erinnern, die von der im Vertrag von Ripen 1460 zugesicherten Unteilbarkeit der Herzogtümer über das Staatsgrundgesetz 1848 bis zu dem von der britischen Besatzungsmacht umsichtig gestalteten demokratischen Neuanfang ab 1945 reicht.[112] Für dieses identitätsbildende Bewusstsein von der eigenen Geschichte kann und muss der Staat etwas tun, etwa durch Bildungsangebote, Museen und Informationsangebote. Ein „Haus der Geschichte" würde helfen, diese Identität sichtbar und erlebbar zu machen. Angesichts der Dezentralität der Landesgeschichte und entsprechender musealer Sammlungen würde es sich anbieten, ein solches „Haus der Geschichte" als „virtuelles Haus" zu konzipieren, das bestehende Versammlungen digital vernetzt. Darüber hinaus bietet sich ein zentraler Ort zum „Anschauen" auf Schloss Gottorf, also in den Schleswig-Holsteinischen Landesmuseen, an. Es existieren darüber hinaus aber schon jetzt viele einzelne Angebote, die bei der Identitätsprägung helfen: So bietet der Schleswig-Holsteinische Landtag etwa eine App „Orte der Demokratie" an, mit deren Hilfe historische Orte der demokratischen Entwicklung virtuell und real „vor Ort" erlebt werden können.[113] Gerade auch in den zunehmenden digitalen Räumen darf die Identitätsbildung nicht vernachlässigt werden, da viele Menschen mittlerweile sehr viel Zeit in diesen digitalen Räumen verbringen. Angesichts von Platz eins im Glücksranking kann es um die Identität an sich nicht so ganz schlecht bestellt sein – soll es so bleiben, so müssen wir aber unsere Identität wahren, pflegen und weiterentwickeln.

J – Jugendgerechtigkeit

„Gib meine Jugend mir zurück!" lässt *Goethe* seinen *Dr. Faustus* sagen.[114] Ausrufen kann dies nur derjenige, der eine Jugend erlebt, vielleicht sogar eine glückliche Jugend verlebt hat. Gerade eine glückliche Jugend begründet Glück auch für Erwachsene, und deshalb sollten wir der Jugendgerechtigkeit von Staat und Gesellschaft große Aufmerksamkeit beimessen.

Der Begriff der „Jugendgerechtigkeit" soll den Fokus auf die gesellschaftliche und staatliche Fähigkeit und Bereitschaft lenken, auf die Bedürfnisse der Kinder und Jugendlichen einzugehen und diese zu fördern. Die Jugendgerechtigkeit ist ein Indikator für die Zukunftsfähigkeit eines Landes, einer Gesellschaft, auch wenn sie zu selten thematisiert wird und kaum konsentierte Indikatoren existieren. Streng genommen weist der Begriff der Jugendgerechtigkeit zwei Bedeutungen auf: Zum einen kennzeichnet er die Gerechtigkeit für die Jugend, wie sie z.B. in speziellen Kinderrechten zum Ausdruck kommt, und zum anderen fragt der Begriff danach, ob Staat, Gesellschaft und Institutionen der Jugend gerecht werden, also für sie und ihre Bedürfnisse passend sind.

Letzteres ist leider oftmals zu verneinen. Gerade die Corona-Pandemie und die längst deutlich gewordene unzureichende Beachtung der Belange von Kindern und Jugendlichen hat insoweit Defizite bei der Jugendgerechtigkeit offengelegt, die sich nun sogar in einer erheblichen Zunahme psychischer Erkrankungen, schulischer Defizite und in nur schwer nachholbaren Einbußen an prägenden Jugenderlebnissen zeigen. Die von Erwachsenen geprägten staatlichen wie gesellschaftlichen Institutionen behalten das Kindes- und Jugendwohl nicht immer ausreichend im Blick. Während der Corona-Pandemie hatten gerade staatliche Maßnahmen zunächst vor allem ältere Menschen im Blick und die Sicherstellung des Wirtschaftslebens zum Gegenstand, was zu einer erheblichen Vernachlässigung von Jugendbelangen führte, wenn man an Schulschließungen, Sportverbote und private Kontaktbeschränkungen denkt. Aber auch das Beispiel der gescheiterten „G8-Reform", die Schleswig-Holstein glücklicherweise rückgängig gemacht hat, entsprach nicht den Anforderungen der Jugendgerechtigkeit, da die kindliche und jugendliche Persönlichkeitsentwicklung gegenüber dem von der Wirtschaft erwünschten schnelleren Eintritt in das Berufsleben zu wenig gewichtet wurde. Verschärft wurde dies durch die Bologna-Reformen an den Hochschulen, die insgesamt zu einem früheren Berufseintritt, aber zu einem erheblichen Verlust an Möglichkeiten zur Persönlichkeitsentwicklung und zugleich zu einem abgesunkenen Bildungsniveau geführt haben. Diese Ausrichtung am Arbeitsmarkt hat allerdings eine positive Kehrseite in Gestalt einer niedrigen Jugendarbeitslosigkeit. In Schleswig-Holstein betrug die Jugendarbeitslosigkeit im Jahre 2022 nur 4,4 %[115] – dies ist die niedrigste Quote seit 2005, und selbst im glücklichen Dänemark ist die Jugendarbeitslosigkeitsquote fast doppelt so hoch.

Gerechtigkeit für die Jugend ist primär eine Frage der Kinderrechte:

Seit Längerem wird – vor allem von Erwachsenen – diskutiert, ob Kinderrechte in das Grundgesetz aufgenommen werden sollen.[116] Entwürfe der seinerzeitigen Bundesregierung[117], der FDP-Fraktion[118] und der Fraktion von BÜNDNIS 90/DIE GRÜNEN[119] wurden im Deutschen Bundestag am 15. April 2021 in erster Lesung debattiert. Am Ende fand in der 19. Wahlperiode kein Vorschlag die erforderliche Zwei-Drittel-Mehrheit für eine Änderung des Grundgesetzes. Die Einführung von Kinderrechten in das Grundgesetz ist nun ebenfalls Gegenstand des aktuellen Koalitionsvertrages der „Ampel-Koalition" auf Bundesebene. Orientierungspunkt ist die UN-Kinderrechtskonvention, die seit 1992 in der Bundesrepublik Deutschland zunächst beschränkt und seit 2010 in vollem Umfang Geltung beansprucht, aber in das nationale Recht umgesetzt werden muss. Für diese Umsetzung auf Bundesebene tourt beispielsweise auch der Kinderschutzbund Schleswig-Holstein mit einem „mobilen Platz der Kinderrechte" nach einem Start im Landtag durch die Kommunen des Landes Schleswig-Holstein.
Sollten denn die Kinderrechte in das Grundgesetz aufgenommen werden? Der Staatsrechtler rät grundsätzlich zur Zurückhaltung bei der Aufnahme von Partikularrechten und Staatszielen in die Verfassung, aber angesichts zahlreicher Ausnahmen, die jeweils dem politischen Zeitgeist folgen und in Kürze vermutlich auch den Klimaschutz isoliert in das Grundgesetz bringen werden, ist ein Abwägungsposten zugunsten der Kinder dann doch erforderlich. Vorbildlich ist insoweit Art. 10 Landesverfassung Schleswig-Holstein, der Staatszielbestimmungen, Regelungsaufträge und Grundrechte in einem, mit dem Schutz von Kindern und Jugendlichen überschriebenen Artikel zusammenfasst.[120] Und nicht vergessen werden darf § 47 f Gemeindeordnung Schleswig-Holstein, der die Beteiligung von Kindern und Jugendlichen bei Planungen und Vorhaben, welche die Interessen von Kindern und Jugendlichen berühren, vorschreibt.
Entscheidend ist allerdings immer die Bewährung in der Praxis, wie also diese Kinderrechte konkret mit Leben gefüllt werden, um eine jugendgerechte Gesellschaft und einen jugendgerechten Staat zu erreichen. Es gibt in unserem Bundesland viele positive Beispiele, bei de-

nen gerade auf kommunaler Ebene die gewählten Gemeindevertreterinnen und Gemeindevertreter in einen guten, manchmal punktuellen, manchmal auch dauerhaften Dialog eingetreten sind. Es gibt aber auch die Beispiele, in denen die gesetzlichen Vorschriften weitestgehend leerlaufen. Es kommt eben auf die gesellschaftliche und politische Grundeinstellung an: Will man Macht teilen? Will man mit Blick auf die Zukunft und auf Nachhaltigkeit, mit Blick auf die Zukunft einer jungen Generation entscheiden – oder nimmt man kurzfristige, häufig wirtschaftliche Interessen zum primären Entscheidungsmaßstab. So war etwa Bad Segeberg eine von 16 Referenzkommunen bundesweit, die sich konkret für jugendgerechte Kommunen engagiert haben.[121] Aus diesem Projekt ist auch ein Leitfaden „16 Wege zu mehr Jugendgerechtigkeit" hervorgegangen, der Gelingensbedingungen für jugendgerechte Kommunen beinhaltet und von anderen Kommunen als Blaupause genutzt werden kann.[122] Oftmals sind es schon kleine Dinge, mit denen mehr Jugendgerechtigkeit erzielt werden kann: Dies fängt beim Zulassen des Fußballspielens auf einer gemeindlichen Wiese an, geht über die Gestaltung des Spielplatzes, der Kindergärten, Schulen, Sport- und Kulturangebote bis hin zu Fragen einer Taktung des ÖPNV. Oft helfen einfache Kontrollfragen, um Defizite bei der Jugendgerechtigkeit zu erkennen. Wer hat beispielsweise als Schulträger jemals Jugendliche gefragt, wie ihre Schule aussehen soll?
Nicht verschwiegen werden soll, dass auf Bundesebene und in manchen Bundesländern mittlerweile ein „Jugendcheck" bei Gesetzgebungsvorhaben und politischen Vorhaben durchgeführt wird.[123] Ob ein zusätzlicher bürokratischer Aufwand aber immer zu mehr Jugendgerechtigkeit führt, muss doch eher bezweifelt werden. Die Anlegung eines rationalen Maßstabes mit objektiven Kriterien bei jugendrelevanten Vorhaben klingt zunächst gut – aber gerade Unvernunft ist ein Wesensmerkmal von Jugend, das nicht unterschätzt und auch nicht unterdrückt werden sollte. Jedenfalls entscheidet die Jugendgerechtigkeit über die Zukunftsfähigkeit der Gesellschaft. Sie benötigt daher eine → Zukunftslobby.

K – Kultur

Auch Kultur macht glücklich – und hier helfen in der Regel sowohl aktives Tun als auch passives Genießen gleichermaßen. Kultur bedeutet einerseits Bewahrung des historisch-kulturellen Erbes, das uns erst zu dem gemacht hat, was und wie wir sind, andererseits aber Ermöglichung experimenteller und innovativer Weiterentwicklungen künstlerischen Schaffens und sonstiger kultureller Dienstleistungen in der Gesellschaft. Und in beiderlei Hinsicht hat Schleswig-Holstein einiges zu bieten: Bei historischer Rückschau verdient beispielsweise der Gottorfer Hof Beachtung, der in seiner kurzen Zeit als souveräner Staat die vielfältigen Leistungen eines *Adam Olearius*, die Gottorfer Hofmusik und schließlich auch die Christian-Albrechts-Universität zu Kiel hervorgebracht hat.[124] Man denkt an die UNESCO-Welterbestätten Haithabu und Danewerk, die Altstadt von Lübeck und das Wattenmeer.[125] Darüber hinaus gibt es immaterielles UNESCO-Weltkulturerbe in Schleswig-Holstein zu bestaunen, so etwa die „Helgoländer Dampferbörte", das Biikebrennenin Nordfriesland[126], die Trakehner Zucht, das Ringreiten und jüngst die Dokumente zur Geschichte der Hanse[127] sowie die Knickpflege.[128] Und es fallen einem die Ehrenbürger des Landes aus dem Kulturbereich ein – Siegfried Lenz (seit 2004) und Armin Müller-Stahl (seit 2010). Anderen fällt die vielfältige Kulturlandschaft als Erstes ein, die allerdings immer mit finanziellen Problemen zu kämpfen hat. Hier sind rund 20 freie Theater, Gastspieltheater, Festivals, Amateurtheater und die drei kommunal getragenen Mehrspartentheater (Kiel, Lübeck, Landestheater) zu nennen. Darüber hinaus hat Schleswig-Holstein 243 Museen, 154 Bibliotheken, 142 Volkshochschulen und Bildungsstätten, 49 Gedenkstätten, die Landesbibliothek[129] und das Landesarchiv[130] vorzuweisen.[131] Andere denken wiederum an – allerdings völlig unterschiedliche – kulturelle „Leuchttürme" wie das Schleswig-Holstein Musikfestival oder das Wacken Open Air.

Diese kulturelle Vielfalt wäre ohne → privates Engagement nicht denkbar. Zwar gibt es circa 2.400 sozialversicherungspflichtig oder mindestens geringfügig Beschäftigte im kulturellen Sektor,[132] doch wird die große Masse von Kulturangeboten ehrenamtlich erbracht. Verfassungsrechtliche Grundlage ist die ihnen zustehende Kunst- und Kulturfreiheit des Grundgesetzes. Darüber hinaus sind noch knapp 1.600 sozialversicherungspflichtig oder geringfügig Beschäftigte in Bibliotheken, Archiven, Museen etc. zu vermelden.[133] Auch hier sorgt das Ehrenamt entscheidend für die Aufrechterhaltung von beispielsweise musealen Angeboten, wie etwa die große Zahl von freiwilligen Helferinnen und Helfern im Freilichtmuseum Molfsee zeigt, ohne die Häuser, Gärten, Tiere, Handwerk, Landwirtschaft nicht so erfolgreich präsentiert werden könnten. Trotz erheblicher öffentlicher Aufwendungen reichen die staatlichen Kulturausgaben niemals aus, um das Kulturangebot sicherzustellen. Damit kommen das Land und die Kommunen zwar dem Staatsziel „Kultur" und dem darin enthaltenen Schutz- und Förderauftrag aus Art. 13 LV SH nach, doch wären die Kulturangebote ohne Eintrittsgelder, private Stiftungen, Spenden und Nachlässe nicht finanzierbar.

Die Vielfalt der kulturellen Landschaft in Deutschland, wie sie *Ralph Bollmann* am Beispiel der Opern beschrieben hat,[134] ist ein historisches Erbe der deutschen „Kleinstaaterei" und wird im deutschen Föderalismus durch das Bundesstaatsprinzip und die Kulturhoheit der Länder abgesichert. Denn Kultur ist Sache der Länder, und daher sollte allen Bestrebungen einer übergriffigen Kulturpolitik seitens der Bundesebene entgegengetreten werden, die regelmäßig mit Hilfe von Geld betrieben wird. Insoweit kann schon die Existenz einer Bundesministerin für Kultur und Medien überraschen, da es sich – von wenigen Ausnahmen abgesehen – um grundsätzliche Länderkompetenzen handelt. Der Bund versucht daher immer wieder mit dem „goldenen Zügel" der Kulturförderung Einfluss auf das kulturelle Angebot zu nehmen. Angesichts der ungleichmäßigen Verteilung der Einnahmen aus Steuern etc. zwischen Bund und Ländern wäre es sicherlich sinnvoll, eine verfassungsrechtliche Grundlage im Grundgesetz für die gemeinsame Kulturförderung von Bund und Ländern sowie eine gemeinsame Einrichtung zu deren Durchführung zu schaffen. Diese Ein-

richtung sollte dann aber auch von Bund und Ländern gemeinsam getragen werden. Ohne große Bürokratie könnte sie als Einrichtung der Kultusministerkonferenz angegliedert werden.
Beeindruckend ist die Vielschichtigkeit des kulturellen Angebots in Schleswig-Holstein, bei dem es sowohl medienwirksame Highlights als auch viele Schätze im Verborgenen zu entdecken gilt.[135] Gerade auch die Minderheiten und Volksgruppen sorgen für eine intensive Belebung des kulturellen Angebots, das es so nur in Schleswig-Holstein gibt. Spannend ist auch die Weiterentwicklung der Landesbibliothek, die neben ihrem klassischen Sammlungsauftrag auch Kompetenzzentrum für die digitale Transformation in der kulturellen Infrastruktur geworden ist. Davon umfasst sein soll auch das „digitale Haus der Landesgeschichte", das schon lange ein Desiderat ist. Eine virtuelle Vernetzung der bestehenden landesgeschichtlichen Sammlungen und Museen, die – der geschichtlichen Entwicklung entsprechend – dezentral über das ganze Land verteilt sind, wird einen echten Mehrwert für die kulturelle und geschichtliche Bildung und Vermittlung sorgen. Ein solches Haus könnte nicht physikalisch an einem Ort in Schleswig-Holstein errichtet werden, ohne Exponate und Sammlungen aus ihrem historischen Kontext zu reißen. Die Hanse erlebt man am besten in Lübeck und nicht als einen Ausstellungsteil in Rendsburg oder anderen Ortes. Genauso wenig lässt sich die Idstedt-Halle oder das Danewerk an den Hamburger Rand verfrachten. Die Möglichkeiten der Digitalisierung können aber nun künftig helfen, die Museen und Ausstellungen an den verschiedensten Orten des Landes virtuell zu verknüpfen und auf diese Weise die Geschichte des Landes ganz anders erlebbar zu machen. Es liegt auf der Hand, dass mit einem solchen Angebot auch neue touristische Nutzungen und Angebote zum Erleben schleswig-holsteinischer Geschichte und Kultur möglich sind. Unabhängig davon müssen aber natürlich die historischen Orte und Sammlungen gepflegt und den Anforderungen der Zeit entsprechend präsentiert werden.
Einer dieser Orte, die einer Modernisierung bedürfen, ist zweifelsohne Schloss Gottorf. Der Masterplan, der mithilfe von Bundes- und Landesmitteln in den kommenden Jahren realisiert werden soll, dürfte

dann bis 2030 nicht nur den vermissten Schlossflügel hervorbringen, sondern auch zu einer ansprechenden Präsentation der Sammlungen führen. Schon realisiert ist das „Jahr100Haus" in Molfsee, das nicht nur ein neues Eingangsgebäude für das Freilichtmuseum in Molfsee ist, sondern zugleich die Gelegenheit für volkskundliche Dauer- und Sonderausstellungen bietet. Überhaupt sind Haithabu und das Freilichtmuseum Molfsee die Publikumsmagneten des Landes, die eine Menge über unsere Geschichte und unsere Alltagskultur zu erzählen haben. Und auch diese Kultur stiftet → Heimat.[136]

Der Schutz- und Förderauftrag aus Art. 13 LV SH wird natürlich auch durch Zuschüsse aus Steuermitteln oder komplette Trägerschaften der öffentlichen Hand umgesetzt. Kulturförderung ist immer nötig und wird immer nötig sein, um das kulturelle Erbe zu erhalten und neue kulturelle Werke zu ermöglichen. Ziel muss es aber immer sein, durch sinnvolle und optimierende Organisations- und Ablaufstrukturen möglichst wenig Geld für die Verwaltung auszugeben und möglichst viele Mittel für die eigentlichen kulturellen Angebote zur Verfügung zu haben. Dementsprechend bietet es sich an, bedeutsame Museen und historische Stätten unter einem Verwaltungsdach zusammenzuführen. Die Stiftung Schleswig-Holsteinische Landesmuseen Schloss Gottorf ist ein gelungenes Musterbeispiel für eine solche organisatorische Zusammenfassung, die Synergien bei der Verwaltung ermöglicht und gleichzeitig den in der Stiftung zusammengefassten Museen eine möglichst große inhaltliche Eigenständigkeit belässt. Bei einer solchen Größe und Bedeutung über die Grenzen des Landes hinaus sind diese Museen auch für das „richtige" Personal interessant, das dann wiederum kulturell bereichernd wirken kann.

Ein gutes Beispiel für Vernetzung und organisatorische Unterstützung sind auch die sieben Kulturknotenpunkte im ländlichen Raum, die es seit 2015 gibt und die vom Landeskulturverband Schleswig-Holstein koordiniert werden.[137] Diese vernetzen die unterschiedlichen lokalen und regionalen Angebote, beraten kulturelle Akteure vor Ort, fördern Kooperationen und unterstützen die Öffentlichkeitsarbeit für die kulturellen Angebote vor Ort. Dieser Gedanke kann sicherlich noch aus-

gebaut werden, denn es darf nicht vergessen werden, dass Kultur auch ein Arbeitgeber,[138] Wirtschaftsfaktor und ein Teil der Daseinsvorsorge ist und damit auch für die Attraktivität des Wohnortes sorgt. Insoweit kann zur Bündelung der Angebote auch hier überlegt werden, das Modell einer → öffentlich-rechtlichen Genossenschaft als öffentlich-rechtliche Kulturgenossenschaft zu realisieren.
Am Ende wird sich dann erweisen, ob weiterhin viele hunderttausend Menschen pro Jahr durch das Genießen kultureller Angebote wieder ein wenig vorangekommen sind beim Erlangen ihres persönlichen Glücks und damit auch des schleswig-holsteinischen Spitzenplatzes im Glücksatlas.

L – Landwirtschaft

Gesunde Natur macht glücklich. Das gilt auch für unsere Kulturlandschaft, die durch eine jahrhundertelange landwirtschaftliche Bearbeitung entstanden ist. Ein gelbes Rapsfeld an der Ostsee, darüber blauer Himmel und weiße Wölkchen, zur Landseite im Hintergrund ein maiengrüner Wald – das ist typisch für Schleswig-Holstein, das löst bei den Betrachterinnen und Betrachtern regelmäßig Glücksgefühle aus (bei den Bienen und ihren Imkern auch). Und welches Kind kann nicht von einem Urlaub auf dem Bauernhof Glücksgefühle mitnehmen? Allerdings gilt dies für den „klassischen" Bauernhof, nicht für eine monothematische Agrarfabrik.
Wie wird die Landwirtschaft 2030 aussehen? Wie soll sie aussehen? Ist das Glück auch 2030 noch auf dem Bauernhof zu Hause? Derzeit muss man daran leider zweifeln, denn die bäuerlichen Familienbetriebe sind auf dem Rückzug, der „Bauer vor Ort" ist immer seltener anzutreffen, und die Herausforderungen durch die Vergiftung von Boden, Luft, Wasser, Tier und Mensch durch bestimmte Praktiken in der Landwirtschaft sind nicht mehr zu leugnen, und die Entfremdung zwischen Teilen der Landwirtschaft und Teilen der Bevölkerung muss ebenfalls Sorge bereiten. Mit Recht wird gefragt, ob Monokulturen, die mit in-

tensivem Einsatz von Dünger und (zum Teil auch für den Menschen giftigen) Pflanzenschutzmitteln einhergehen, erforderlich ist, um am Ende Mais in Biogasanlagen zu verbrennen oder billiges Fleisch im Überfluss zu produzieren und zu entsorgen. Eine der Folgen der intensiven Produktion ist die Überdüngung der Böden durch zu viel Gülle, die auch in Schleswig-Holstein zunehmend zu einem Problem wird. Zum Teil wird die Gülle schon aus anderen Staaten wie etwa den Niederlanden, aber auch anderen Bundesländern „importiert" und auf unseren Feldern ausgebracht. Der Verfasser dieser Zeilen musste dies auch schon beobachten. Die Folge ist bekannt: Zu viel Nitrat, aber auch zu viele Medikamente wie etwa Antibiotika gelangen so in das Grundwasser. Dabei gibt es EU-Vorgaben seit 1991, die auch unter Mitwirkung und Zustimmung von Deutschland zustande gekommen sind. Aber in Deutschland werden die Grenzwerte überschritten, Kartierungsvorgaben werden nicht erfüllt, so dass die EU-Kommission erneut ein Vertragsverletzungsverfahren gegen Deutschland im Juni 2021 eingeleitet hat.[139] Auch kommunale Wasserversorger schlagen schon längst Alarm, denn durch die Überdüngung der Böden ist unser kostbares und an sich hochwertiges Trinkwasser in Gefahr!
Eine Antwort auf die gerade gestellten Fragen scheint klar zu sein: Die Landwirtschaft *wird* 2030 anders aussehen, denn sie *muss* anders aussehen. Klima-, Arten-, Natur-, Boden- und Gewässerschutz sowie die Gesundheit der Menschen erfordern dies. Und auch marktwirtschaftliche Mechanismen lösen längst Veränderungsbedarf aus, denn das Konsumverhalten der Menschen in Schleswig-Holstein und Deutschland verändert sich. Der Fleischkonsum sinkt, vegetarische und vegane Produkte werden stärker nachgefragt, und zumindest bis zum Eintritt der hohen Inflationsrate im Jahre 2022 war auch die Nachfrage nach Bio-Produkten stark gestiegen. Auch der Weltmarkt, an dem die Landwirtschaft sich in den vergangenen Jahren immer stärker orientiert hat, verändert sich laufend und in dramatischer Geschwindigkeit, wie plötzliche Handelsbeschränkungen in der Pandemie durch China oder die Auswirkungen des russischen Angriffskrieges in der Ukraine zeigen. Aber gerade auch die Zukunft des bäuerlichen Fa-

milienbetriebs verlangt Veränderungen in der Landwirtschaft, denn ansonsten wird das „Höfesterben" rasant voranschreiten und am Ende ausschließlich industrielle Betriebe und ein paar Nebenerwerbsstrukturen hervorbringen. Gab es 1949 mit über 54.000 Höfen/Landstellen einen Höchststand in Schleswig-Holstein zu vermelden, so sank die Zahl auf gut 20.000 Vollerwerbsbetriebe 1999 und nur noch 12.200 Betriebe in 2020[140] und 12.040 in 2021.[141]

Daher muss sich „die Landwirtschaft" – und das meint: bäuerliche Betriebe, Verbände und Politik – von einigen Lebenslügen verabschieden, einige Irrwege erkennen und bekennen, die man in den vergangenen Jahren und Jahrzehnten gegangen ist. Nur so wird man auch die Akzeptanz für die Landwirtschaft in der Bevölkerung erhalten und auch wieder verbessern können, ohne die in einer nicht fernen Zukunft auch die erheblichen Subventionszahlungen aus Steuermitteln infrage gestellt werden würden.

Zu diesen Irrwegen zählt die starke und übertriebene Weltmarktorientierung der Landwirtschaft, da man nun – ohne Chance auf eigene Gestaltung – den Marktschwankungen ausgesetzt ist, die von Kriegen, Sanktionen, Naturereignissen in anderen Weltregionen und nicht zuletzt von politischen Einflussnahmen beeinflusst wird. Auch die Vorstellung, durch hiesige Überproduktion die Ernährung der Weltbevölkerung sicherzustellen, mag einer hehren Zielsetzung entspringen, hält einem Realitätscheck aber nicht stand. Mit unseren (europäischen) Marktordnungen für die Landwirtschaft, die mit hohen Subventionszahlungen einhergehen, verhindern wir durch die Veräußerung unserer subventionierten Produkte in Entwicklungsländer, dass in anderen Teilen der Welt, insbesondere in Afrika, bäuerliche Betriebe gewinnbringend oder gar nur kostendeckend betrieben werden können. Die Folgen für die Ernährung der heimischen Bevölkerung und die Fluchtbewegungen in Richtung Europa sind dramatisch, hängen aber auch entscheidend von landwirtschaftlichen und handwerklichen Erwerbsmöglichkeiten vor Ort ab. Schließlich ist die Versorgungssicherheit für die schleswig-holsteinische Bevölkerung ein wichtiges Ziel für die Landwirtschaft, das angesichts der guten Produktionsqualitäten nicht zwingend im Wege der Industrialisierung der Landwirtschaft erreicht werden muss.

Auch eine überbordende Industrialisierung der Landwirtschaft ist ein Irrweg, denn er trägt zur Diffusion von Verantwortung bei: Die industrielle Arbeitsteilung führt dazu, dass die einzelnen Akteure der Produktionskette kaum noch Verantwortung für das Endprodukt übernehmen. So kümmert sich der Viehhalter um einen möglichst hohen Ertrag bei der Tierproduktion, kümmert sich aber nicht um den Schlachthof. Der Schlachthof folgt eigenen wirtschaftlichen Vorgaben, die vielleicht noch den Wurstproduzenten, aber nicht den Konsumenten interessieren. Der Einzelhandel folgt einer eigenen Logik, die nur bedingt auf den Wurstproduzenten Rücksicht nimmt. Und am Ende steht der mit Kampfpreisen umworbene Verbraucher, der das überbordende Angebot gar nicht mehr konsumieren kann. Bleiben wir daher kurz bei der Fleischproduktion, die exemplarisch für einen Irrweg steht: Jährlich werden 346 Millionen Kilogramm Fleisch von den Endverbrauchern in Deutschland in den Müll geworfen.[142]

Man kann hier also weder von der Sicherstellung der Ernährung in Deutschland oder in der Welt sprechen, da ein Großteil des produzierten Fleisches einfach im Müll landet und daher unnötig viel Ressourcen vergeudet werden.[143] Ein weiterer Irrweg war der Umgang mit Biogasanlagen. Auch sie wurden von der Politik gewollt und dementsprechend finanziell stark gefördert. Die Folge war, dass an vielen Orten Biogasanlagen entstanden und nun vermehrt Ackerbau betrieben wurde, dessen Erträge unmittelbar den Biogasanlagen zugeführt werden sollten. Oder um es deutlicher zu sagen: Es wurden Mais und Rüben im großen Stil angebaut, auf den Feldern wurde Gülle ausgebracht und mithilfe von Pestiziden ein möglichst hoher Ertrag gesichert – all das, um die Ernte schließlich in einer Biogasanlage in Energie umzuwandeln. Als gläubiger Christ darf man durchaus sagen, dass dieser Umgang mit landwirtschaftlichen Produkten unethisch ist. Nachdem dieser volkswirtschaftliche und landwirtschaftspolitische Irrweg schon weit beschritten war, fielen die negativen Begleitumstände und dann schließlich auch noch die Klimaschädlichkeit immer mehr Beobachtern auf. Oder in den Worten des Umweltbundesamtes: „Biogasanlagen sind eine Gefahr für Mensch, Klima und Umwelt."[144] Auf der anderen Seite können Biogasanlagen durchaus einen Beitrag leisten, die Unabhängigkeit von fossilen Brennstoffen zu ermöglichen. Daher gibt es auch bei Biogasanlagen kein „schwarz" oder „weiß". Unethisch ist es eben nur, Dünger und Gifte einzusetzen, um Rohstoffe für die Biogasanlagen anstelle des „täglichen Brotes", das vom Vaterunser zum ethischen Maßstab erhoben wird, zu produzieren. Diese Flächen können dann bei einem ökologisch orientierten Landbau zur Dreifelderwirtschaft, die schon Karl der Große propagierte, sowie zur Ernährungssicherung genutzt werden. Biogasanlagen können hingegen mit Ernteresten oder Gülle betrieben werden, die dann nicht auf die Felder ausgebracht werden muss und dann auch nicht zur Verunreinigung des Grundwassers beiträgt.[145] Der Einsatz von Gülle in Biogasanlagen könnte noch deutlich gesteigert werden und auf diese Weise sowohl den Boden als auch das Klima schützen.[146] Auch dafür ist es längst erforderlich, Fehlanreize durch Subventionen zu beseitigen oder – noch besser – gar nicht erst zu schaffen.

Die Milcherzeugung ist ein weiteres Beispiel für einen vor vielen Jahren begonnenen Irrweg. Das Verschwinden der kleinen genossenschaftlichen Meiereien hat sich m. E. als großer Fehler erwiesen. Nehmen wir das Beispiel der kleinen Meierei in Kaltenhof im Dänischen Wohld. Bis 2007 konnten die genossenschaftlich organisierten (auch: Nebenerwerbs-)Landwirte ihre Milch in unmittelbarer Nachbarschaft abliefern. Noch frischer konnte Milch nicht verarbeitet und anschließend in die umliegenden Supermärkte verkauft werden; die Milch erfreute sich ausreichender Nachfrage und großer Beliebtheit. Dann lockte ein großer Meiereikonzern mit einem etwas höheren Milchpreis – am Ende stand die Auflösung der Meierei und der sie tragenden Genossenschaft. Nun konnte ich beim Joggen beobachten, dass morgens um 7.00 Uhr nicht mehr der Milchlaster der Meierei auf den Höfen hielt, um die Milch dann einen Kilometer zu transportieren, sondern nun ein anderer Milchlaster hielt, der die Milch 200 km weit in das Nachbarland transportierte. Das Ergebnis dieses Konzentrationsprozesses war – mir ist bewusst, dass ich grob vereinfache – ein Sinken des Milchpreises. Dies hat wiederum dazu geführt, dass ich nun beim Joggen nicht nur keine Milchlaster mehr, sondern auch keine Kühe und keine milchproduzierenden Höfe sehe. Wenn nun aber diese Entwicklung zum Höfesterben führt, der Transportaufwand deutlich höher ist und damit die negativen Folgen für Klima und Umwelt erheblich sind, wenn zudem eine einfache betriebswirtschaftliche Erkenntnis lautet, dass eine höhere Verarbeitungsstufe immer auch mehr Wertschöpfung vor Ort bedeutet – was ist diese Entwicklung dann anderes als ein Irrweg? Und die Vielfalt für die Verbraucherinnen und Verbraucher hat ebenfalls nachgelassen, denn in vielen Supermärkten haben sie nun die Wahl zwischen haltbarer Milch eines Konzerns aus Mecklenburg-Vorpommern und einer haltbaren Milch aus Bayern. Mit Blick auf Ressourcenverbrauch, Klimabelastung und Nachhaltigkeit kann man eine derartige Milchproduktion nicht als sinnvoll betrachten – an der Ganzheitlichkeit eines Konzeptes, das Landwirten, Verbrauchern, regionaler Wertschöpfung und Umwelt gleichermaßen gerecht wird, fehlt es definitiv.

Wenig überzeugend ist auch die Belastung der Böden durch Gülle und Pflanzengifte. Während in den Vereinigten Staaten reihenweise Prozesse über den krebserregenden Charakter von Glyphosat geführt werden, die auch dem mittlerweile deutschen Mutterkonzern die Bilanz verhageln und zur Ersetzung des Vorstandsvorsitzenden führen, wird auf schleswig-holsteinischen Feldern munter weiter dieses Gift ausgebracht. Um den Vorwurf der Naivität zu entkräften, will ich sogleich betonen, dass eine völlige Umstellung auf Öko-Landbau unter völligem Verzicht auf Pflanzenschutzmittel etc. oder Dünger kaum die Erträge bringen würde, die wir für eine kontinuierliche Ernährung der Bevölkerung brauchen. Wenn aber das Gift anstatt des Pfluges eingesetzt wird, dann ist auch dies ein Irrweg. Grubber und Egge oder eben auch der Pflug sind weiterhin über Jahrhunderte erprobte Methoden, die sicherlich aufwändiger, aber für Mensch und Tier verträglicher und in jedem Fall nachhaltiger sind.[147] Möglicherweise hängt dieser Umgang mit den Böden ja auch damit zusammen, dass

der mittlerweile übliche Landhandel die örtliche Verwurzelung und damit auch Verantwortung der Landwirte aufhebt. Der klassische dörfliche bäuerliche Betrieb ist aufgrund der heute anzutreffenden Bodenallokation ja kaum noch möglich.
Eine Umkehr auf diesen Irrwegen ist dringend erforderlich, wenn wir nachfolgenden Generationen ein lebenswertes Schleswig-Holstein und den bäuerlichen mittelständischen Betrieben eine Zukunft ermöglichen wollen. An dieser Stelle will ich dann noch ein persönliches Bekenntnis abgeben: Ich bin kein Öko-Fundamentalist, sondern halte den bäuerlichen Familienbetrieb, der den ländlichen Raum prägt und die Kulturlandschaft pflegt, für eine ganz wesentliche Errungenschaft unserer Zivilisation. Dieser Betrieb darf auch gerne in größerer Ausprägung erscheinen – auch dies ist in Schleswig-Holstein traditionell so gewesen, wenn man an das – heute noch anzutreffende – Adelige Gut denkt. Zugleich trinke ich gerne Milch und esse gerne Fleisch, jeweils auch aus konventioneller Produktion, sofern die Tierwohlanforderungen eingehalten werden. Man mag mir auch romantische Naivität vorwerfen, doch sollten die bisher angeführten Beispiele gezeigt haben, dass ein „Weiter so!" nicht erfolgreich sein kann, wie wir schon an den aktuellen Problemen in der Landwirtschaft sehen.
Es bedarf also dringend neuer Ideen, damit die Versöhnung von Ökonomie und Ökologie, aber auch zwischen Bäuerinnen und Bauern auf der einen Seite und der restlichen Bevölkerung auf der anderen Seite gelingen kann. Die Probleme ehrlich zu benennen, ist der erste Schritt, der von allen Beteiligten unternommen werden muss. Dafür brauchen wir einen Dialog, der in Schleswig-Holstein immerhin begonnen hat: Auf Initiative des seinerzeitigen Landwirtschaftsministers *Albrecht* hat ein Dialogforum, in dem die Landwirte durch den Bauernverband und der Naturschutz durch den Naturschutzverband NABU vertreten waren, 24 gemeinsame Thesen zur Zukunft der Landwirtschaft bis 2040 beschlossen.[148] Hier sind 24 gemeinsame Thesen bearbeitet worden, die von Wertschöpfung[149] und Wertschätzung über Klimaschutz, Klimaanpassung, Tierwohl, Tierhaltung, Gewässerschutz und Niederungen bis zu Biodiversität und Landschaft reichen. Die erforderliche

Neuorientierung ist in diesen Thesen deutlich angesprochen. Dafür brauchen die Landwirte allerdings auch einen anderen Subventionsrahmen – hier ist die Politik gefordert, auf europäischer Ebene andere Subventionskriterien und zugleich die Gewährleistung des Einkommens der Landwirte auch bei umweltverträglichem Wirtschaften sicherzustellen. Es muss sich für den Landwirt auch lohnen, auf industriell erreichte Erträge zu verzichten und stattdessen nachhaltig, klima- und umweltschonend zu produzieren. Dazu gehört etwa auch die über Jahrhunderte praktizierte Dreifelderwirtschaft[150], die schon in der Karolingerzeit praktiziert wurde,[151] wieder zu praktizieren. Während bei der Dreifelderwirtschaft ein Jahr Brache vorgesehen ist, kann alternativ auch eine ausgewogene Fruchtfolge mit Kleegrasanbau zur Bodenverbesserung und Leguminosen als heimischen Eiweißträgern vorgesehen werden. Schon heute zeigen allerdings Beispiele wie das Gut Rosenkrantz unter Leitung von *Ernst-Friedemann von Münchhausen*, dass ökologische Landwirtschaft sich auch finanziell lohnen kann. Und trotz des Erfordernisses eines europäischen Subventionsrahmens ist auch in Schleswig-Holstein schon einiges machbar, wie etwa der Bericht der Landesregierung über die Landesstrategie zur Sicherung der biologischen Vielfalt zeigt.[152] Wichtig ist es, sich wieder auf die Grundversorgung der Bevölkerung bei gleichzeitiger Orientierung an Klima- und Umweltschutz zu besinnen, so dass Subventionen vor allem für Gemeinwohlleistungen gezahlt werden sollten, zumal sie auch aus „Gemeinwohlmitteln", nämlich Steuern, stammen. Es bedarf also ganzheitlicher Konzepte, die auch zu einer Versöhnung von konventioneller und biologischer Landwirtschaft führen. Für all das bedarf es keiner „Bauernschelte", sondern – wie eben schon gesagt – eines übergreifenden Dialogs, der Wiederbelebung genossenschaftlicher Konzepte und einer Orientierung an nachhaltigem Wirtschaften. Und Nachhaltigkeit bedeutet eben auch Boden-, Gewässer- und Klimaschutz, denn das Bundesverfassungsgericht hat in seinem „Klimabeschluss" mit dem Gebot der intertemporalen Gerechtigkeit, die auch einklagbar ist, die Nachhaltigkeitsanforderungen rechtlich konkretisiert.[153] Warten wir also nicht auf vergleichbare Klagen gegen die

Landwirtschaft bzw. die Landwirtschaftspolitik, sondern orientieren wir uns freiwillig an dem, was Menschen, Tieren und Umwelt nützt. Sehen wir lieber zu, dass Landwirte und Bevölkerung mit der Landwirtschaft glücklich werden.

M – Meer

„Spiegel der Seele", „Glückskulisse", „Ort des Glücks" ist das Meer – und da es uns Bewohnern zwischen gleich zwei Meeren vielleicht schon zu selbstverständlich ist, stammen diese Zitate aus einer österreichischen Zeitung.[154] Als Spiegelbild der menschlichen Seele eignet sich das Meer, weil es ebenso doppelgesichtig sein kann: spiegelglatt und wild, erhaben schön und mörderisch grausam.[155] Die Betrachtung des Meeres führt zum Glück,[156] denn das Meer, das wussten schon die frühen griechischem Philosophen, ist der Anfang von allem Leben.[157] Und Schleswig-Holstein ist nun einmal das Land zwischen den Meeren – das einzige Bundesland an Nord- und Ostsee. Deshalb machen auch viele Menschen Urlaub am Meer – Nord- und Ostsee sind die Hauptgründe für das → Urlaubsland Schleswig-Holstein. Dementsprechend hat das Meer Landschaft, Wirtschaft, Menschen und Kultur des Landes geprägt. Darüber hinaus hat das Meer Bedeutung für das Klima, für das ökologische Gleichgewicht und für die Ernährung der Menschen, wie allein der Fischfang verdeutlicht. Außerdem ist das Meer essentiell für den Handel: Dies wussten schon die Wikinger, dann die Hanse[158], und der heutige Welthandel wäre ohne die Meere in dieser Form auch nicht denkbar. Allein der Hamburger Hafen und damit die Bedeutung der Freien und Hansestadt Hamburg hängen an den Meeren und dem Zugang zu ihnen. Das Meer ist auch Ort der Mythen, man denke nur an den „Fliegenden Holländer" und die Literatur über diese Mythen, die nicht ohne Grund häufig in Schleswig-Holstein entstanden ist: Hier mögen die Beispiele von *Detlev von Liliencron* („Trutz, Blanke Hans, die Ballade über den Mythos Rungholt")[159] und von *Theodor Storm* („Der Schimmelreiter")[160] genügen. Und selbst „Binnenländer" wie *Heinrich*

Heine haben sich fasziniert vom Meer gezeigt.[161] Und natürlich hat auch die Malerei schon seit jeher intensiven Gefallen am Meer gefunden.[162] Darüber hinaus ist das Wattenmeer Weltnaturerbe, der Nationalpark Wattenmeer betont diesen Schutzgedanken zusätzlich. Aber auch für die Wasserversorgung, und damit das menschliche Leben, kann das Meer ganz essentiell sein, wie schon heute Entsalzungsanlagen in Afrika und Spanien zeigen.

Wir sollten aber gut mit dem Meer umgehen und das natürliche, ökologische Meeresgleichgewicht nicht zerstören. Gefahren drohen leider auch hier zahlreiche: von der drohenden Überfischung über das Einleiten von Abwässern, Gülle, Nährstoffen, Salzen und Giften, über das Abladen von Müll und Munitionsresten. Und nicht nur Schiffsunglücke wie seinerzeit die Havarie der „Pallas"[163] im Oktober 1998 vor Amrum, sondern das trotz hoher Strafen immer noch anzutreffende Ablassen von Öl ins Meer bedrohen das Meeresgleichgewicht. Auch Offshore-Windparks sowie die schon lange praktizierte Öl- und Gasförderung belasten die Meere, auch wenn sie für den menschlichen Energiehunger vermutlich unverzichtbar sind. Entscheidend ist immer die Versöhnung von Ökonomie und Ökologie am und im Meer. Dass dies möglich ist, zeigt der Nationalpark Schleswig-Holsteinisches Wattenmeer, der größte seiner Art zwischen dem Nordkap und Sizilien.[164] Mit Sorge ist insoweit die Verpressung von CO_2 im Meeresboden, also die sog. CCS-Technologie, zu betrachten, die bereits heute in Dänemark stattfindet und in Schleswig-Holstein neu debattiert wird. Waren sich ursprünglich die Fraktionen im Schleswig-Holsteinischen Landtag einig, dass man diesen Weg nicht beschreiten will, so gibt es nun eine neue Offenheit für diese Technologie bei den Regierungsfraktionen und bei dem Bundeswirtschaftsminister.[165] Auch wenn die Ergebnisse von aktuell laufenden Forschungsprojekten, etwa bei GEOMAR,[166] abgewartet werden sollten, handelt es sich m.E. um einen Irrweg, der letztlich von dem Erfordernis einer CO_2-Einsparung ablenkt, dabei viel Energie für das Ausscheiden, den Transport und das Verpressen von CO_2 verschleudert und vor allem nicht absehbare Risiken in die Zukunft, auf künftige Generationen und in diesem Falle eben auch auf das Meer verlagert.

Vergangenheit, Gegenwart und Zukunft beeinflusst das Meer – und auch längst haben wir ihm nicht alle Geheimnisse entlockt. Es ist ein Glücksfaktor für den Menschen, aber vor allem auch Lebensgrundlage, die über die Fischerei hinaus hinsichtlich Ernährung und Energie noch ungenutzte Potentiale bietet. Daher ist die auskömmliche Finanzierung der Meeresforschung, wie sie etwa vom GEOMAR Helmholtz-Zentrum für Ozeanforschung in Kiel betrieben wird, eine ganz wesentliche Zukunftsvoraussetzung.[167] Das Meer wird eben auch in Zukunft und auch 2030 eine wesentliche Ursache für unser Glück in Schleswig-Holstein sein – heben wir dieses Potential. Und davon gibt es – wie gesagt – reichlich: So ist etwa das wirtschaftliche Potential von Algen, etwa im Bereich der Kosmetik[168] und selbst von Quallen als Nahrungsmittel, landwirtschaftlicher Dünger, Rohmaterial für kosmetische pharmazeutische Produkte bis hin zum Mikroplastikfilter[169] noch längst nicht ausgeschöpft.
„Dass die Ausbeutung des Meeres langfristig fortgehen wird, kann als gesichert gelten – das Schicksal der Bioethik, der philosophischen Antwort darauf, dürfte viel unsicherer sein. Denn die Umweltethik und ihr Erfolg sind abhängig von einem geistig-kulturellen Bewusstsein, das durch die heute dominierende naturwissenschaftliche Forschung nicht erzeugt oder stabilisiert werden kann."[170] Damit schließt sich dann der Kreis: Die Sicherstellung des aus dem Meer resultierenden Glücks kann nicht allein der naturwissenschaftlichen Meeresforschung und einer darauf basierenden Politik überlassen werden, sondern bedarf intensiver Erörterungen der Bio- und Umweltethik, also einer Spielart der Philosophie. Wir brauchen also ein Bewusstsein für und die Inhalte einer „Philosophie des Meeres".

N – Nachhaltigkeit

Wohl kaum ein Begriff ist in den vergangenen Jahren häufiger strapaziert worden als derjenige der Nachhaltigkeit. Nachhaltigkeit ist in aller Munde, wird in der staatlichen und gesellschaftlichen Praxis aber oftmals mit Füßen getreten. Anders lassen sich viele Zustandsbeschreibungen von Natur und Umwelt über Klima, Rentensystem, Staatsverschuldung bis hin zum Zustand der Infrastrukturen nicht erklären.

„Nachhaltigkeit ist ein Handlungsprinzip bei der Nutzung von Ressourcen."[171] Auch wenn der Gedanke der Nachhaltigkeit schon sehr viel älter ist, so ist der Begriff in deutscher Sprache doch erstmals in der Forstwirtschaft im Jahre 1713 erwähnt worden.[172] Diesem Urvater der Nachhaltigkeit, dem sächsischen Oberberghauptmann *Hans Carl von Carlowitz*, widmet sich die sächsische Hans-Carl-von-Carlowitz-Gesellschaft, die noch heute Carlowitz „weiterdenken" will, Nachhaltigkeitsstrategien entwickelt und Preise verleiht.[173] Der Begriff hat in der Folgezeit seinen Siegeszug angetreten – vor allem befördert durch den Abschlussbericht der sog. Brundtland-Kommission[174] und dann auch durch eine Enquetekommission des Deutschen Bundestages zum Thema Nachhaltigkeit. Mittlerweile wird der Begriff längst nicht mehr nur auf die Ökologie bezogen, sondern weist eine zunehmende Begriffsvielfalt auf: Die Nachhaltigkeit des Rentensystems wird genauso diskutiert wie die Nachhaltigkeit der Staatsverschuldung. Längst hat der Begriff der Nachhaltigkeit auch Eingang in die Rechtsordnung gefunden: So findet sich das Nachhaltigkeitsprinzip als ausdrücklich verankertes Unionsziel für die Europäische Union in Art. 3 EUV. Und in der Präambel der Landesverfassung Schleswig-Holstein findet sich die Verpflichtung auf nachhaltiges Handeln. Die Verankerung des Nachhaltigkeitsgedankens in der Präambel bedeutet, dass das Prinzip der Nachhaltigkeit nicht zum Staatsziel erhoben worden ist, sondern mit dem Gedanken der Generationengerechtigkeit zu einem Programmsatz verbunden worden ist. Die mit der Verfassungsreform 2014 der Verfassung vorangestellte Formulierung bekräftigt nun als Programmsatz die Erkenntnis, dass nachhaltiges Handeln der Verantwortung für kommende Generationen gerecht wird.[175] Das Bekenntnis zur Nachhaltigkeit erfährt allerdings in Art. 11 LV SH im Hinblick auf den Schutz der natürlichen Lebensgrundlagen und in Art. 61 LV SH im Hinblick auf die finanziellen Grundlagen des Staates eine weitere

Konkretisierung. Mit dem Hinweis auf die Generationengerechtigkeit ist dann auch schon verdeutlicht, dass Nachhaltigkeit in einem untrennbaren Zusammenhang zur → Jugendgerechtigkeit und zur → Zukunftslobby steht.

Eine Erscheinungsform der Nachhaltigkeit ist die „intertemporale Freiheitssicherung", die das Bundesverfassungsgericht in seinem „Klima-Beschluss" herausgearbeitet hat. Mit Blick auf Art. 20a GG, dem das Gericht auch die Verpflichtung des Staates zum Klimaschutz und damit das Abzielen auf die Herstellung von Klimaneutralität entnimmt, folgert das Bundesverfassungsgericht aus Art. 2 Abs. 2 S. 1 GG eine Schutzpflicht des Staates, die auch die Verpflichtung umfasst, Leben und Gesundheit vor den Gefahren des Klimawandels zu schützen. Diese Schutzpflicht kann eine objektiv-rechtliche Schutzverpflichtung auch in Bezug auf künftige Generationen begründen.[176] Diese „intertemporale Freiheitssicherung" sichert nun in gewisser Weise das rechtlich ab, was auf der UN-Konferenz für Umwelt und Entwicklung in Rio de Janeiro 1992 als Nachhaltigkeit definiert wurde: „Eine nachhaltige, auf Dauer angelegte Entwicklung muss den Bestand an natürlichen Ressourcen so weit erhalten, dass die Lebensqualität zukünftiger Generationen gewährleistet ist."[177] Schon dieser Bezug zum Klimaschutz verdeutlicht, dass es sich bei der Nachhaltigkeit nach wie vor um einen wichtigen Begriff handelt – und mit Blick auf eine lebenswerte Zukunft auch um eine Glücksvoraussetzung. Nachhaltigkeit darf dabei aber nicht auf den Klimaschutz verengt werden. Nachhaltigkeit muss sich auch auf andere Aspekte von Natur und Umwelt, natürliche Ressourcen etc. richten und darüber hinaus auch in finanzieller Hinsicht, bei Gerechtigkeit, Bau, Umwelt, Sozialem, Bildung, sozialen Strukturen und vielen anderen Dingen mehr eingefordert werden. Nachhaltigkeit erfordert ein komplexes Gesamtpaket mit Blick auf künftige Generationen und hat eben für → Jugendgerechtigkeit zu sorgen.

Nachhaltigkeit bedeutet, Verantwortung für das eigene Handeln mit Blick auf die Zukunft und das mögliche Glück künftiger Generationen zu übernehmen.[178] Das Erreichen von Nachhaltigkeit hat insoweit äußerst anspruchsvolle Voraussetzungen, ist ethisch aber als Verantwortungsprinzip auch geboten. Nachhaltigkeit ist darüber hinaus auch prägend für die → Republik, da diese am Gemeinwohl orientiert ist – das schließt das Gemeinwohl künftiger Generationen mit ein. Und wie kann man nun möglichst viel Nachhaltigkeit und damit ein über 2030 hinaus anhaltendes Glück erreichen? Dies wird nur gelingen, wenn man sich der Komplexität dieser Herausforderung stellt. Als Wissenschaftler kann ich gar nicht anders, als wissenschaftliche Beratung für die Erzielung für Nachhaltigkeit zu empfehlen, um die komplexen Gemengelagen, die gegenläufigen Interessen und den äußerst vielfältigen Sachverstand zusammenzubinden. All das wird im politischen Alltag in der Regel nicht mehr gelingen. Bevor man für alles Mögliche Beiräte, Beauftragte und Expertenkommissionen einberuft – ein Nachhaltigkeitsrat, der aber nicht nach politischem Proporz besetzt sein darf, würde als Beratungsgremium dann deutlich mehr Sinn ergeben. Letztendlich geht es darum, Sachverstand und Erfahrung, neue Ideen und ganzheitliches Konzeptdenken aus verschiedenen Disziplinen zusammenzubringen. Neben Stellungnahmen zu einzelnen Themen, wie sie etwa vom Nationalen Ethikrat veröffentlicht werden, wäre auch ein jährlicher Nachhaltigkeitsbericht für eine Vielzahl von Themen denkbar. Auf diese Weise könnten ganzheitliche Konzepte für Verkehr, Klimaschutz, Energieversorgung, Finanzen, soziale Sicherungssysteme, Tourismus, Landwirtschaft und vieles mehr erarbeitet werden. Auch hier ist es am Ende aber eine Frage von Personen und der Ausgestaltung der Institution, ob man dem Gedanken der Nachhaltigkeit auch in der Politik den ihr gebührenden Raum zumessen will.

O – Ostenfeld

Nordfriesland macht glücklich. Das Schreiben dieses Satzes dürfte jedenfalls den Verleger dieses Buches, einen echten Nordfriesen, glücklich machen. Aber darum geht es nicht, wenn als Stichwort unter „O" eine Gemeinde im Kreis Nordfriesland angeführt wird. Denn auch in

den anderen zehn Kreisen und vier kreisfreien Städten kann man zweifelsohne glücklich sein.
Ostenfeld bei Husum ist eine 1352 erstmals urkundlich erwähnte, aber schon in der Jungsteinzeit und frühen Bronzezeit besiedelte Gemeinde im Kreis Nordfriesland, hier als Synonym für den ländlichen Raum verstanden. Die Preußische Landvermessung 1867 hat Ostenfeld als einen von drei Referenzpunkten für die Vermessung Schleswig-Holsteins festgelegt – nicht zuletzt deshalb, weil die höchste Erhebung des Kreises Nordfriesland mit 54 Metern über NN in Ostenfeld liegt.[179] Als Gemeinde mit 1.570 Einwohnern, dem Amt Nordsee-Treene zugehörig, liegt sie „mitten im Land"; dies macht Ostenfeld zum Modellbeispiel für den ländlichen Raum Schleswig-Holsteins, in dem ungefähr die Hälfte der 2,9 Millionen Einwohner lebt und – so meine These – schon deshalb glücklich ist.
Dieser Eindruck bestätigt sich, als ich zwei Tage nach der Kommunalwahl 2023 *Eva-Maria Kühl*, die Bürgermeisterin von Ostenfeld und Amtsvorsteherin des Amtes Nordsee-Treene, besuche. Nach einem freundlichen Empfang sind wir in schleswig-holsteinischer Offenheit und Direktheit – ich liebe diese Eigenschaften, sichern sie doch mehr Lebenszeit, wenn man gleich zum Punkt kommt, und machen damit glücklich – gleich zu einem aktuellen Kernproblem der ländlichen Räume gekommen: der Zukunft des Heizens. Die aktuellen Pläne der Bundesregierung, allen voran des Schleswig-Holsteiners *Robert Habeck* als Wirtschafts- und Energiewendeminister, würden gerade die Menschen im ländlichen Raum unverhältnismäßig belasten. Denn eine Aufgabe der staatlichen, meist kommunalen Daseinsvorsorge wird nun zu einem großen Teil auf private Hauseigentümer abgewälzt. Bis vor Kurzem galt ein – meist noch von kommunalen Stadtwerken betriebenes – Gasnetz als vorbildlich. Nun soll auf einmal jede Eigentümerin und jeder Eigentümer viel Geld für eine Wärmepumpe, eine Photovoltaikanlage auf dem Dach, neue Heizkörper, neue Dämmung und dann am besten auch noch ein Elektroauto aufwenden. Dies ist für die meisten Menschen, die oft auch deshalb auf dem Land wohnen, weil sie sich die teuren Boden- oder Mietpreise in Städten nicht leisten kön-

nen, persönlich überhaupt nicht darstellbar – und volkswirtschaftlich ist es noch dazu Unsinn, wenn jeder für sich sorgen soll und damit Synergieeffekte kaum noch eintreten können. So nötig der Umstieg auf → Erneuerbare Energien ist, so wenig darf er doch allein auf die Bürgerinnen und Bürger abgewälzt werden. Hinsichtlich dieses neuen großen Problems, mit dem kommunale Selbstverwaltungskörperschaften bislang weitestgehend allein gelassen werden, waren Frau Kühl und ich uns sofort einig.

Probleme sind allerdings dafür da, gelöst zu werden – und das vermittelt Frau Kühl als ehrenamtliche Bürgermeisterin und Amtsvorsteherin durchweg. Ihr Erfolgsrezept lautet: „Stetig in Gang bleiben." Und das belegt auch die Entwicklung der Gemeinde Ostenfeld – immer wieder sei daran erinnert, dass es sich um eine ehrenamtlich verwaltete Gemeinde handelt! Dennoch lässt sich die Bilanz der letzten Jahre sehen: Es wurde eine neue Schule gebaut, die Sporthalle renoviert und das Freibad grundsaniert. Noch vor der Kommunalwahl wurde ein Ortsentwicklungskonzept verabschiedet, das den Leitfaden für die nächsten Jahre bildet. Dementsprechend stehen für die Weiterentwicklung der Infrastruktur in den nächsten Jahren in Ostenfeld auf der Agenda, das Rad- und Wanderwegenetz auszubauen, ein neues Feuerwehrauto zu beschaffen, ein neues Gerätehaus für die Feuerwehr zu bauen, das zugleich ein Dorfgemeinschaftshaus wird, in dem das Gemeindearchiv und ein Büro der Bürgermeisterin Platz haben. Im Gespräch wird dann aber auch deutlich, dass die Sicherstellung der kommunalen Daseinsvorsorge – in Ostenfeld wie in vielen anderen Gemeinden – heutzutage nicht immer einfach ist. Angesichts der fehlenden Betriebsnachfolge für den einzigen Supermarkt muss die Nahversorgung auch künftig sichergestellt werden. Der Erhalt der Apotheke, der infolge des Ruhestands des Apothekers ebenfalls die Schließung drohte, konnte in letzter Sekunde durch die Gründung einer Filialapotheke eines Kieler Apothekers gerettet werden. Ärzte sind in Ostenfeld noch in ausreichender Zahl vorhanden, gleiches gilt für die Filiale einer Bank, aber in vielen Gemeinden ist eine Vielzahl gleichgelagerter Probleme zu lösen. Auch an dieser Stelle sei daher die Schaffung einer → öffentlich-

rechtlichen Genossenschaft angeraten, die eine geeignete Rechtsform für eine Kooperation von Gemeinde und privaten Dienstleistern etc. bieten kann.
Der vielbeschworene demografische Wandel, der ja nach früheren Prognosen zur Entvölkerung des ländlichen Raumes, also zu „Landflucht" und Abwanderung der Menschen in die Städte führen sollte, kann so nicht beobachtet werden. Im Gegenteil, Homeoffice, Vier-Tage-Woche und die Möglichkeit digitalen Arbeitens eröffnen ganz neue Möglichkeiten, ohne dauerndes Pendeln im ländlichen Raum zu leben. Der in Schleswig-Holstein vorbildliche Ausbau des Breitbandnetzes ist dafür allerdings eine wesentliche Voraussetzung, denn ohne leistungsfähige Internet-Anbindung wird die Arbeit von Zuhause aus nicht funktionieren. Und auch die Wiederansiedlung von → Y-Tours wird ländliche Räume zusätzlich stärken – auch Ostenfeld profitiert immer noch von Angehörigen der Bundeswehr. Die Gemeinde Ostenfeld hat jedenfalls aktuell keine Probleme mit dem demografischen Wandel, sondern stellt sich als altersmäßig gut durchmischte Gemeinde dar. Dies liegt, wie Frau Kühl betont, sicherlich auch daran, dass es attraktive Angebote für alle Altersgruppen gibt, die allerdings nicht alle von der Gemeinde erbracht werden können, sondern auch mit der Hilfe von → Privatinitiative und ehrenamtlich Aktiven erbracht werden. So wird etwa die Früh- und Nachmittagsbetreuung in der Schule ehrenamtlich betreut. Für die Jugendlichen bieten ansonsten der gut aufgestellte Sportverein, die Jugendfeuerwehr, die „Flotten Lotten" (Mädchentreff Ostenfeld - geschlechtergerechte Jugendarbeit), EASTFIELD – Ostenfeld Koppelrock mit verschiedenen Aktivitäten vom Musikevent bis zum Maibaum-Aufstellen und der Zeltlagerverein, der jährlich 120 Kindern spannende Ferien ermöglicht, ein vielseitiges Angebot. Für junge Familien sind diese Angebote sicherlich genauso interessant wie vor allem die geringeren Baulandpreise im Vergleich zum städtischen Umfeld. Und für alte Menschen gibt es ein Pflegeangebot bis hin zur Tagespflege, wenn auch – dieser Wunsch von Bürgermeisterin Kühl bleibt bestehen – eine stationäre Altenpflege leider noch fehlt. Jedenfalls lässt sich beobachten, dass die Kinder des Dorfes nach Aus-

bildung und Berufsstart gerne wiederkommen. Dies gilt auch für viele andere Dörfer Schleswig-Holsteins, wie der Verfasser selbst nur bestätigen kann, da er nach beruflichen Ausflügen in verschiedene Hauptstädte nun ein Dorf weiter wohnt als in seiner Kindheit.
Im ländlichen Raum ist der Zusammenhalt der Menschen meist besonders gut – dies betont auch Frau Kühl. Dabei hilft es, wenn – wie in Ostenfeld – noch eine Gastwirtschaft vorhanden ist. Und so ist es auch positiv hervorzuheben, dass es keine größeren Probleme mit problematischen Jugendlichen oder Erwachsenen im Dorf gibt. Und im Idealfall überschreitet der Zusammenhalt auch die Gemeindegrenzen: Entgegen gepflegten Vorurteilen gibt es in den meisten Regionen Schleswig-Holsteins längst kein Kirchturmdenken mehr, sondern einen gemeindeübergreifenden Lösungsansatz für die Aufgabenerledigung und Problemlösung. So gehen auch die Kinder aus Hollingstedt in Ostenfeld zur Schule.
Gerade im ländlichen Raum findet noch die Pflege von → Traditionen statt, die wiederum identitätsstiftend wirken. Für Ostenfeld nennt Bürgermeisterin Kühl den Sportverein, das Ringreiten, den Schützenverein und den – derzeit etwas ruhigeren – Trachtenverein, der sich der Pflege der eigenen Tracht Ostenfelds verschrieben hat.
Das Geheimnis dieses ländlichen Erfolges ist das Ehrenamt, das sich aus → Privatinitiative und → republikanischer Verantwortungsübernahme für das Gemeinwesen speist. Hierfür gibt es zahllose Beispiele – eines ist mir in besonders guter Erinnerung geblieben, da ich es in dem wunderschönen 196-Seelen-Dorf Klein Wittensee als Bürger selbst erlebt habe: Einmal im Jahr ruft der Bürgermeister alle Einwohnerinnen und Einwohner „zu den Schaufeln", um den Dorfputz durchzuführen. So kann es schon einmal passieren, dass der Wissenschaftler an einem Sonnabendvormittag einen Graben aushebt, um für eine dauerhafte Entwässerung des Wanderwegs am Wittensee zu sorgen. Die theoretischen Bedenken, ob man sich gerade an einem unerlaubten Eingriff in ein Natura-2000-Gebiet beteiligt, werden schnell zerstreut, wenn man diese besondere Form des Zusammenhalts erlebt. In Städten wäre dies nicht möglich – hier müsste ein kommunaler Bauhof oder

eine beauftragte Firma all das erledigen, was hier die Einwohnerinnen und Einwohner ehrenamtlich selbst erledigen. Ich bin sicher, dass Sie, verehrte Leserinnen und Leser aus dem ländlichen Raum, über viele vergleichbare Beispiele ausführlich berichten könnten.

Und jedes Dorf hat dabei seine Besonderheiten: In Ostenfeld sind es – jedenfalls für Nordfriesland – besonders viel Wald, die immer noch aktive lokale Meierei, das Ostenfelder Bauernhaus, das allerdings in Husum steht und Deutschland ältestes Freilichtmuseum ist,[180] und auch über 90 verschiedene Brombeersorten sollen nicht unerwähnt bleiben. All solche Besonderheiten eines Dorfes sorgen in der Regel für eine hohe Lebensqualität – und damit für Glück.

Das Leben im ländlichen Raum könnte vielleicht noch schöner sein, wenn da die anderen „staatlichen Ebenen" nicht wären: Frau Kühl zeigt sich deutlich „genervt" über das „Förderprogrammwesen" mit zahlreichen Auflagen und der Geltung des „Windhundprinzips". Derartige Förderprogramme – auch „goldener Zügel" genannt – verhindern letztlich, dass die gewählten Vertreterinnen und Vertreter vor Ort über die Entwicklung entscheiden; stattdessen werden mit Förderprogrammen die politischen Ziele einer höheren staatlichen Ebene realisiert. All das bindet Zeit, Kraft und Energie – und das manchmal ohne Erfolg. Frau Kühl betont, dass es aus ihrer Sicht genügend Geld im System gebe. Es fehle aber der Respekt vor der Eigenverantwortung und das Verständnis der höheren Ebenen für das Subsidiaritätsprinzip, demzufolge eben ortsnah Aufgaben auch in Selbstverwaltung entschieden werden sollen.[181] Kreise, Land, Bund oder EU sollten sich daher vielmehr auf eine helfende Rolle zurückziehen – und hier sind wir dann wieder bei dem Beispiel der Energiewende. Bund und Land könnten Blaupausen für mögliche Energiekonzepte bereitstellen, auf deren Basis die kommunale Selbstverwaltung dann unter Berücksichtigung der Besonderheiten der Gemeinde und der natürlichen Gegebenheiten eigene Konzepte entwickeln. Dänemark ist an dieser Stelle deutlich fortschrittlicher. Dementsprechend formuliert Frau Kühl deutliche Erwartungen an Kreis, Land, Bund und EU - man sollte Frau Kühl und ihren Kolleginnen und Kollegen zuhören. Zu Recht fordert sie mehr Eigenverantwortung und weniger Bürokratie im Zusammenwirken der staatlichen Ebenen. Der Verfasser kann dies nur unterstützen und auch an dieser Stelle die Notwendigkeit der → Verwaltungsmodernisierung einschließlich der Abschaffung einer kommunalen „Entscheidungsebene" betonen.

Diese oder ähnliche Probleme haben viele Menschen, ehrenamtliche Politikerinnen und Politiker, Verwaltungen im ländlichen Raum. Nehmen wir diese ernst, dann sorgen wir für die Verstetigung des schon längst vorhandenen Glücks im ländlichen Raum. Denn nur dort finden wir mehr ehrenamtliche Betätigung und höhere Wahlbeteiligung, die der → Demokratie wahrhaft zugutekommt. Belehrungen aus einer städtischen „Blase" sind da regelmäßig fehl am Platz.

P – Privatinitiative

Privatinitiative hat Vorrang!

Zumindest sollte sie in einem freiheitlichen, demokratischen und republikanischen Gemeinwesen Vorrang vor staatlichem Paternalismus und immer stärker einengenden staatlichen Vorgaben für das private Leben haben. Dies folgt aus der Idee der → Freiheit, der → Republik und vor allem aus den grundrechtlich garantierten Freiheitssphären, welche die Wertordnung des Grundgesetzes ausmachen.[182] In einem freiheitlichen, demokratischen, republikanischen, von Grundrechten geprägten Gemeinwesen sollte dieser Vorrang der Privatinitiative also selbstverständlich sein. Das ist es allerdings leider nicht mehr, denn beginnend mit der Finanzmarkt- und Staatsschuldenkrise, verschärft in der Corona-Pandemie und fortgesetzt beim Klimaschutz, aber zunehmend auch in anderen gesellschaftlichen und kulturellen Lebensbereichen, ist der Staat dazu übergegangen, mit mehr oder weniger sanftem Paternalismus seine Auffassungen vorzugeben und die Bürgerinnen und Bürger mit staatlichen Leistungen zu beglücken. Fast alle Parteien haben den Ausbau des staatlichen Leistungsportfolios – und damit als Kehrseite leider das Zurückdrängen der Privatinitiative – zu ihrem Wählerzuwachs versprechenden Kernanliegen erklärt. Aber dies erstickt Privatinitiative, verstößt gegen den Subsidiaritätsgedanken[183] und erstickt gesellschaftliche Vielfalt. Dies hat schon *Wilhelm von Humboldt* erkannt: „Gleichförmige Ursachen haben gleichförmige Wirkungen. Je mehr also der Staat mitwirkt, desto ähnlicher ist nicht bloß alles Wirkende, sondern auch alles Gewirkte."[184]

Eine möglichst intensive und in vielen Bereichen wirksame Privatinitiative ist dabei für einen funktionierenden Staat unverzichtbar. So wäre z.B. ohne Privatinitiative die Versorgung von Geflüchteten weder 2015 (Syrien) noch 2022 (Ukraine) so gut möglich gewesen. Privatinitiative kann sich dabei in finanzieller oder ideeller Unterstützung eines Vorhabens realisieren. Für das Erste steht die sog. Stifterkultur, für die ideelle Unterstützung die ehrenamtliche Arbeit. Diese reicht von der Unterstützung hilfsbedürftiger Menschen über Tafeln und Kunststiftungen und Sammlungen bis zu sozialen Dienstleistungen oder sauberen Dörfern – und damit ist die tatsächlich anzutreffende Vielfalt von Privatinitiative noch völlig unzureichend beschrieben. Es steht und fällt eben mit dem einzelnen Menschen: Mir ist das Feuerwehrmuseum Birkenmoor in nachdrücklicher Erinnerung geblieben, das von einem ehemaligen Amtswehrführer in Privatinitiative und ohne jegliche staatliche Unterstützung aufgebaut wurde. In mehreren Hallen konnte man Feuerwehrfahrzeuge, Uniformen und Helme aus der ganzen Welt und aus allen Zeiten mitten im Dänischen Wohld bewundern. Mit dem Tod des Sammlers endete leider auch das Museum – dieses Maß an Privatinitiative konnten die Nachkommen nicht aufbringen. Aber gerade auch in Krisenzeiten können zahlreiche Herausforderungen nur mit Privatinitiative bewältigt werden: Die Flutkatastrophe im Ahrtal, aber auch viele Sturmfluten an der Westküste haben dies immer wieder unter Beweis gestellt.

Privatinitiative lebt vom Ehrenamt, das sich in zahlreichen Vereinen, Organisationen, Initiativen oder auch „einfach so" spontan auslebt: Von der Schleswig-Holsteinischen Juristischen Gesellschaft bis zu den Sportvereinen, vom Freilichtmuseum Molfsee bis zur Fahrradwerkstatt für Flüchtlinge, von den Einkaufshilfen in Corona-Zeiten bis zum kostenlosen Haarschnitt für Obdachlose. Die Übernahme eines Ehrenamtes ist Betätigung für die → Republik, vor allem, wenn die Tätigkeit dem Gemeinwohl dient. 42,6 % der Schleswig-Holsteinerinnen und Schleswig-Holsteiner über 14 Jahre engagieren sich ehrenamtlich – das sind über eine Million Menschen in Schleswig-Holstein.[185] Damit stand Schleswig-Holstein im Ranking der Bundesländer auf Platz 2 hinter Baden-Württemberg.[186]

Voraussetzung für Privatinitiative ist aber unabdingbar → Freiheit. Der liberale Staat fördert Privatinitiative, wenn auch „jede Erweiterung der Freiheit (...) eine große Wette darauf [ist], dass ihr guter Gebrauch ihren schlechten überwiegen wird."[187] Dieses republikanische Engagement findet manchmal auch im staatlich organisierten oder geförderten Kontext statt, was die „Bürgergesellschaft" durchaus stärken kann. Ganz überwiegend ist die Privatinitiative aber im „zivilgesellschaftlichen" Bereich zu verorten – und ist damit Ausdruck einer funktionierenden Gesellschaft freier und selbstbestimmter Bürgerinnen und Bürger. Und wenn auch die Privatinitiative eindeutig dem gesellschaftlichen Bereich zuzuordnen ist, so sind die Grenzen fließend, wie etwas das Ehrenamt in kommunalen Vertretungen zeigt. Daher können auch Instrumente der unmittelbaren Demokratie der Privatinitiative und ihrem Einbringen in den staatlichen und kommunalen Raum dienen. Die Beschneidung dieser Instrumente durch die aktuelle schwarz-grüne Regierungskoalition kann daher nicht überzeugen. Generell gilt, dass dem Engagement in Privatinitiative möglichst wenig Hürden aufgerichtet werden sollten. Leider sind oftmals bürokratische Vorgaben, statistische und steuerliche Anforderungen, haftungsrechtliche Verantwortlichkeiten und viele Bestimmungen mehr nicht dazu angetan, die Privatinitiative zu befördern.[188] Ab und an wird die Privatinitiative auch gewürdigt, so etwa durch den Bürger- und Demokratiepreis, den der Schleswig-Holsteinische Landtag und die Sparkassen in Schleswig-Holstein gemeinsam einmal jährlich verleihen, oder auch durch „Belohnungen" wie etwa die Ehrenamtskarte Schleswig-Holstein.[189]

Wie schon eingangs angedeutet: Auch der Paternalismus des

„Rundum-sorglos-Staates" erstickt Privatinitiative: Wenn der Staat alle möglichen Leistungen selbst erbringt und dafür immer mehr Geld der Bürgerinnen und Bürger umverteilt, wird das Angebot letztlich geringer, und die Neigung zum privaten Engagement wird erstickt. Und dabei muss allen Beteiligten klar sein: Noch so viel Steuergeld wird nicht helfen, all die privaten Initiativen von motivierten Ehrenamtlichen durch staatliches Personal zu ersetzen. Gerade im musealen und kulturellen Bereich wäre das → Kulturangebot in Schleswig-Holstein nicht denkbar, wenn nicht diese Vielfalt privater Aktivitäten das Angebot sicherstellen würden. Aus eigener Anschauung und Verantwortung sei berichtet, dass etwa das Freilichtmuseum Molfsee, das seit einigen Jahren zur Stiftung Schleswig-Holsteinische Landesmuseen Schloss Gottorf gehört, nicht allein durch Stiftungspersonal betrieben werden könnte. Gartenpflege, Tierhaltung, Handwerk, Besucherführungen und vieles mehr hängen von der Privatinitiative der ehrenamtlich im Verein Freilichtmuseum Molfsee Tätigen ab.
Große gesellschaftliche Ziele und Veränderungen erreicht man ebenfalls nicht allein mit staatlichen Vorgaben, sondern diese können nachhaltig nur mit Privatinitiative abgesichert werden. In der Demokratie kann man gegen etwas sein, protestieren, nach dem Staat rufen – oder selbst anpacken. Am Beispiel des Klimaschutzes und der Energiewende zeigt sich dies m. E. deutlich: Einige Aktivisten, und zwar eine wahrlich kleine Minderheit der Bevölkerung, meint immer noch den Bewusstseinswandel der Bevölkerung durch immer radikalere Aktionen und Proteste einschließlich Straftaten herbeiführen zu müssen. Vielleicht wäre es ganz hilfreich, wenn auch diese Engagierten ihre Energie und die zweifelsohne intensiv aufgewendete Zeit in „positive Energie" in Gestalt von Privatinitiative(n) umwandeln würden. Die Überzeugungsarbeit für lokale Klima- und Energiekonzepte kann dringend weitere Privatinitiative gebrauchen, gleiches gilt für den Ausbau → Erneuerbarer Energien. Und wenn die Medien dann auch noch mehr über solche positiven Privatinitiativen als über festgeklebte Blockierer von Straßen berichten würden, wäre dem Weg zum größeren Glück aller ebenfalls noch mehr gedient.

Q – Queller

Ja, ich räume ein, bei dem Buchstaben „Q" habe ich mich lange schwergetan. Man könnte über das „Netzwerk Q 4.0" berichten, in dem vom Institut der deutschen Wirtschaft gemeinsam mit den Bildungswerken der Wirtschaft und anderen Bildungsinstitutionen regional- und branchenspezifische Weiterbildungsformate für Ausbilder mit Blick auf die digitalen Herausforderungen bearbeitet und erprobt werden.[190] Aber dabei handelt es sich um eine bundesweite Initiative, und ob die Weiterbildung der Ausbilder einen Glücksfaktor für Schleswig-Holstein darstellt, kann man bezweifeln. Bei „Q" kann man in Schleswig-Holstein natürlich auch an Quallen denken. Aber nein, Quallen machen (zumindest mich) nicht glücklich, im Gegenteil, sie können den Badespaß an Nord- und Ostsee negativ beeinflussen. Und die Quallen haben ihre gebührende Erwähnung schon im Kapitel über das → Meer gefunden.

Aber bei dem Verzehr der Beilage eines Fischfilets im Urlaub auf unserer Lieblingsinsel Amrum war der Buchstabe prompt vergeben: an den Queller! Ja, der Queller ist ein wahrer Glücklichmacher! Für Nicht-Küstenbewohner: Queller ist eine dickfleischige Salzwiesenpflanze im Wattenmeer. Queller ist der erste – oder genauer: die erste Pflanze, die bei der Landgewinnung „Fuß" bzw. „Wurzel" fasst. Der Queller ist salzwassertauglich, lässt sich täglich vom Meerwasser überfluten und bindet dabei Sand, Sedimente und Schlick.[191] Mit seinen Wurzeln befestigt er den Boden und hält im Gezeitenwechsel so viel Schlick und Sedimente zurück, dass irgendwann der Boden sich über den Meeresspiegel erhebt und das Land eingedeicht werden kann. Der Queller macht also erst den Menschen an der Westküste glücklich, nämlich bei der Landgewinnung.[192] Danach macht der Queller Schafe und Kühe, die auf dem neu gewonnenen Land weiden können, sowie Landwirte, die den äußerst fruchtbaren Boden bestellen, dauerhaft glücklich. Und schließlich eignet er sich eben hervorragend für die moderne schleswig-holsteinische Küche – im Salat, auf dem Fisch ...

R – Republik und Rechtsstaat

Republik und Rechtsstaat sind zwei staatsrechtliche Prinzipien, die zweifelsohne zum Glück der Menschen beitragen – gewährleistet das erste doch → Freiheit, das zweite Gerechtigkeit. Und beide sind auch durchaus intensiv mit Schleswig-Holstein verbunden: Dithmarschen und Eiderstedt[193] waren in der europäischen, deutschen und schleswig-holsteinischen Geschichte eine Besonderheit, denn hier gab es ausnahmsweise auch im ländlichen Raum eine republikanische Verfassung. Und auch in anderen Teilen Nordfrieslands gab es republikanische „Verfassungen", man denke etwa an den Erlass der bald den 600. Geburtstag feiernden „Siebenhardenbeliebung" vom 17. Juni 1426.[194] Darüber hinaus hatten insbesondere Städte wie Lübeck, Kiel und Altona über Jahrhunderte republikanische Verfassungen.[195]
Und auch der Rechtsstaat begann seinen deutschen Siegeszug in schriftlich garantierter Verfassungsrechtsform u. a. mit dem Schleswig-Holsteinischen Staatsgrundgesetz vom 15. September 1848.[196]
„Republik" bezeichnet den freiheitlich verfassten Staat mit einer politischen Ordnung, die durch Freiheit legitimiert, am Gemeinwohl orientiert und in Ämtern organisiert ist.[197] Das Republikprinzip ist eines der fünf zentralen Staatsstrukturprinzipien des Grundgesetzes (Art. 20 Abs. 1 GG), das nach Art. 28 Abs. 1 S. 1 GG auch für das Land Schleswig-Holstein verbindlich ist. Wesentlicher Inhalt des Republikprinzips ist eben die republikanische → Freiheit und die damit verbundene Idee subjektiver Selbstbestimmung.[198] Die republikanische Freiheit gebietet auch Minderheitenschutz vor einer (demokratischen) „Mehrheitsdiktatur". Dieser republikanische Schutz reicht von den Grundrechten über die Oppositionsrechte im parlamentarischen System bis zu den Schutzrechten ethnischer, kultureller und durch Bekenntnis entstehender Minderheiten und Volksgruppen. Derartige gruppenbezogene Minderheitenrechte bedürfen allerdings auch immer wieder der Austarierung mit den Individualrechten. In Schleswig-Holstein ist dieser Minderheitenschutz besonders ausgeprägt in Art. 6 LV SH, mit Blick auf Bildung und Sprache auch noch in Art. 12 Abs. 4 - 7 LV SH.[199]

„Rechtsstaat" ist ein mittlerweile in fast allen europäischen Staaten und dem EU-Vertrag enthaltenes Prinzip, das Herrschaft begründet, begrenzt und legitimiert.[200] Auch der Rechtsstaat garantiert Freiheit, er bindet und limitiert politische Macht, und darüber hinaus sorgt er für Gerechtigkeit. Als Kernbestandteile des grundgesetzlichen Rechtsstaatskonzepts, die zudem von Art. 79 Abs. 3 GG als unabänderlich geschützt sind, können jedenfalls der Grundsatz der Gewaltenteilung, der Vorrang der Verfassung sowie Vorrang und Vorbehalt des Gesetzes gelten, ferner das staatliche Gewaltmonopol, die staatliche Justizgewährleistung und das Rechtsprechungsmonopol als Ausdrucksformen staatlicher Souveränität.[201] Der Rechtsstaat ist zugleich das Fundament der Demokratie, denn ohne Rechtsstaat gibt es auch keine (echte) Demokratie. Denn die demokratische (Chancen-)Gleichheit muss eine rechtlich fundierte und garantierte Chancengleichheit sein, wenn Demokratie nicht zu einer formalen, inhaltsleeren Hülle degenerieren soll.[202] Der Rechtsstaat ist somit nicht einfach die Summe der demokratisch produzierten Gesetze, sondern hat einen darüber hinausgehenden Inhalt: Die Orientierung an Gerechtigkeit. Das dürfen auch die Protagonisten der Demokratie in Parlamenten und Regierungen nie außer Acht lassen. Beide Prinzipien sind notwendige Begrenzungen und Korrekturen des → Demokratieprinzips: Denn die Demokratie trägt den Keim zu ihrer Abschaffung in sich, da eine demagogisch verführte, manipulierte Mehrheit schnell den autoritären Herrscher an die Macht bringt. Daher bedarf es der Mäßigungen dieser Macht durch Republik- und Rechtsstaatsprinzip. Nicht ohne Grund versuchen nämlich Herrscher auf dem Weg zur absoluten Herrschaft zuerst die Abschaffung des Rechtsstaates – rechtsstaatliche und republikanische Bändigung versuchen Regierende in Polen, Ungarn, der Türkei und Israel abzustreifen.

Darüber hinaus gibt es zahlreiche, letztlich immerwährende, aber auch heute wieder aktuelle Bedrohungen von Republik- und Rechtsstaatsprinzip: So beeinträchtigt der überbordende Parteieneinfluss immer wieder die republikanische Bestenauslese bei der Besetzung von Ämtern. Die Hypertrophierung der Gesetzgebung legt den Rechtsstaat

lahm und verhindert oft seine Zielerreichung, die Gerechtigkeit. Die Politik scheint zunehmend zu glauben, unmittelbar durch Gesetzgebung die Realität zu verändern – das schaffen aber erst die Verwaltung mit einem klugen Vollzug sowie die Bürgerinnen und Bürger bei der Umsetzung des Rechts in der Gesellschaft. Anzumerken ist auch das fehlende „Systemdenken": Konnten am Ende des 19. und zu Beginn des 20. Jahrhunderts noch große Gesetzeswerke wie das Bürgerliche Gesetzbuch oder die Gewerbeordnung entstehen, so ist die heutige Zeit durch eine unglaubliche Masse an Detailgesetzgebung gekennzeichnet, die längst auch zu einander widersprechenden, zum Teil nicht mehr bekannten und immer weniger beachteten Regelungen führt.[203]
Ein weiteres Beispiel für Gefährdungen des Rechtsstaates bietet der gesamte Prozess der Digitalisierung, der mittlerweile zwar nicht mehr ohne rechtliche Begleitung, aber bislang ohne ein vergleichbares Gewährleistungsniveau wie in der analogen Welt stattfindet. Der Rechtsstaat muss auch in digitalen Räumen durchgesetzt werden.[204]
Das Republikprinzip hingegen ist in der Regel völlig unterbelichtet – und wird meist nur rein formal als Abwesenheit von Monarchie definiert.[205] Trotz des Scheiterns der Weimarer „Republik" lohnt aber eine materielle Anreicherung und Fruchtbarmachung des Republikprinzips für unser Gemeinwesen.
Was ist also mit Blick auf ein glücksseliges Leben zu tun? Ohne hier nun ein staatstheoretisches Seminar abhalten zu wollen – Republik und Rechtsstaatsprinzip bedürfen beide der intensiven Stärkung. Dies gilt gerade auch im Verhältnis zum Demokratieprinzip, das nicht zu einem „Demokratismus" ausarten darf. Und diese Gefahren bestehen in unserem gegenwärtigen Staatswesen durchaus. Denn wenn Parteien bzw. von diesen getragene Regierungen meinen, aufgrund einer – nicht zuletzt aufgrund vieler Zufälligkeiten und nur noch geringer Wahlbeteiligung zustande gekommenen – allenfalls relativ großen Mehrheit nun ihr Programm „radikal" und umfassend umsetzen zu können, missachten sie in der Regel Republik- und Rechtsstaatsprinzip. Aktuell lässt sich diese Tendenz leider auch bei einem überzogenen Minderheiten- und Meinungsschutz beobachten. Ein bedenkliches Beispiel

für solchen „Demokratismus" bildet der Entwurf eines Demokratiefördergesetzes,[206] mit dem bestimmte Haltungen und Aktivitäten, die gesellschaftlich in der Regel nicht genug finanziell Unterstützung finden, nun aus Steuermitteln dauerhaft institutionell gefördert werden sollen.[207] So verständlich aus parteipolitischer Sicht die Verstärkung der eigenen Meinung gewünscht sein mag, so sind öffentliche Ämter eben doch ganz anderen Bindungen und Verpflichtungen unterworfen, um eben einer Regierungsmehrheit nicht „alles" zu erlauben. Das Republik- und Rechtsstaatsprinzip zwingen insoweit zur Mäßigung, weil auch andere Meinungen grundrechtlichen Schutz genießen. „Maß und Mitte" sind insoweit der Idealzustand eines gemeinwohlorientierten, stabilen und ausgewogenen Staates.[208]
Diesen Zustand erreicht man nur durch einen Ausgleich der Staatsstrukturprinzipien – keines darf als den anderen übergeordnet betrachtet werden. Die Gefahr einer solchen Unwucht kann man derzeit an der Klimaschutz-Debatte in Deutschland beobachten: Es kann keinem ernsthaften Zweifel unterliegen, dass derzeit ein – und mit Sicherheit auch ganz überwiegend von Menschen verursachter – Klimawandel zu beobachten ist, dessen Folgen an vielen Orten der Erde sehr gravierend sein können und auch schon sind. Der Klimaschutz ist zwar nicht ausdrücklich im Grundgesetz oder der Landesverfassung erwähnt, kann aber ohne Weiteres dem sog. Umweltschutzprinzip des Art. 20a GG sowie des Art. 11 LV SH zugeschlagen werden. Der Klimaschutz ist dabei dann aber – selbst wenn er eine mehrheitliche demokratische Legitimation in den aktuellen Parlamenten hat – ein Staatsziel von mehreren. Es darf nicht als ein der Abwägung nicht mehr zugängliches „Metaprinzip" betrachtet werden, da dies einfach nicht unserer Verfassungsordnung und damit auch nicht dem Rechtsstaatsprinzip entspricht. Auch hier droht dann „Demokratismus", da prinzipiell gleichberechtigte republikanische Freiheiten und rechtsstaatliche Garantien als „Hemmschuh" und damit unbeachtlich betrachtet werden. Diese Argumentationsmuster der „Letzten Generation" und anderer Aktivisten sind mit Blick auf unsere Verfassungsordnung schlicht nicht akzeptabel. Denn auch bei Maß-

nahmen, die dem Klimaschutz dienen, sind etwa Eigentums- und Mobilitätsrechte nicht obsolet. Das Republik- und das Rechtsstaatsprinzip werden von einer Vernunftorientierung geprägt, während bei einer reinen Betrachtung des Demokratieprinzips auch andere, ideologische Motive in Mehrheitsform sich durchsetzen können. Deshalb bedarf es der Mäßigungen auch demokratischer Macht durch das Republik- und Rechtsstaatsprinzip. Alle drei sind gleichrangig, werden noch durch das Sozial- und Bundesstaatsprinzip ergänzt und müssen jeweils zum Ausgleich gebracht werden, damit sie zusammen „glückswirksam" sein können.

S – Schaf

Es ist nicht verwunderlich, dass *Selma*, das Schaf, die Frage „Was ist Glück?" beantwortet – jedenfalls in einem Buch-Klassiker.[209] *Selmas* Antwort besteht in der Beschreibung ihres geruhsamen Alltags, der zu Resilienz, Zufriedenheit und Glück führt. Das ist ja auch kein Wunder, wenn man als Schaf in Schleswig-Holstein auf dem Deich bei Lundenbergsand, auf der Salzwiese neben der Amrumer Kirche in Nebel, auf einer alten „Motte" (Turmhügelburg) in Kaltenhof oder dem Stör-Deich leben und grasen darf.

„Schafe gehören zu Schleswig-Holstein wie der Wind und das Meer", berichtet *Ulrike Krickau,*[210] und sie zeigt, wie sehr sie mit dem Leben der Menschen im Norden verwoben sind. Schafe gehören zu Schleswig-Holstein: Derzeit gibt es ca. 1.200 Schafhalter und rund 200.000 Schafe in Schleswig-Holstein (weltweit sind es über eine Milliarde).[211] Sie wirken glücklich, wenn sie gemeinsam, aber doch auf ihre Individualität und eigenen Raum achtend, am Deich oder auf Wiesen grasen. Und sie helfen dabei auch uns beim Glücklichsein, weil sie nicht nur eine unglaubliche Ruhe und Zufriedenheit ausstrahlen, sondern weil sie auch das Gras auf den Deichen kurz halten und den Boden so verdichten, dass die Sturmflut keine Chance hat.[212]

Schafe sind uns Menschen in der Regel schnell vertraut. Sie können zwar auch „bockig" sein, doch gelten sie vor allem als sehr sanfte, genügsame und soziale Tiere, die Freundschaften schließen, selten miteinander kämpfen und um Herdenmitglieder im Todesfall trauern. Sie können – wie britische Forscher ermittelt haben – darüber hinaus auch verschiedene Gefühle wie Angst, Wut, Ekel und – eben – Glück empfinden.[213] Schafe sind auch keineswegs dumm, sondern intelligent. Sie können sich über 50 Gesichter ihrer Artgenossen und auch von einigen Menschen merken, sie lernen schon als Lamm schnell, welche Pflanzen ihnen guttun und welche nicht.[214]

Manchen Menschen scheint es hingegen Glücksgefühle zu bereiten, wenn ein Lamm gebraten auf dem Teller liegt – die Beliebtheit des Salzwiesenlamms auf Speisekarten oder die Frequentierung der „Nordfriesischen Lammtage" belegt dies.[215] Damit ist auch die Schafzucht ein durchaus relevanter Erwerbszweig der schleswig-holsteinischen Landwirtschaft – man denke dabei auch an Schafskäse oder Wolldecken, die Küstenglück auch im Winter vermitteln.

Nicht nur das Glück, sondern vor allem Leben und Gesundheit der Schafe sind neuerdings wieder von Wölfen bedroht. Die mittlerweile hoch emotionale und aus politischen „Schützengräben" heraus geführte Debatte hat bisher wenig bewirkt, wenn man von Entschädigungsleistungen und Subventionen für Zäune einmal absieht. Aus Sicht des Schafes ist die Lage klar: Schafe und Menschen leben in einer gemeinsamen Kulturlandschaft, in der Schafe nicht nur wesentliche Funktionen (z. B. Küstenschutz) erfüllen, sondern seit Jahrhunderten heimisch und nach der Ausrottung der Wölfe ein friedliches Leben in Schleswig-Holstein führen konnten. Der Artenschutz ist nun ebenfalls ein hohes Gut, aber welchen Grad der Ausbreitung von Wölfen die Menschen zulassen und akzeptieren wollen und die Schafe akzeptieren können, bedarf doch vielleicht einer besser abgewogenen Lösung als in den derzeit geführten Debatten. Das Glück der Schafe ist uns vielleicht doch viel näher, als wir meist glauben.

T – Traditionen

Traditionen scheinen ja bei manchen etwas in Verruf geraten zu sein, aber sie geben Halt, sind wichtig für die → Identität, prägen → Heimat und → Kultur – und sie machen glücklich. Tradition bedeutet übersetzt vor allem „Überlieferung" und wurde mit der Reformation in die deutsche Sprache aufgenommen. Tradition meinte als Überlieferung die Weitergabe von Sitten, Normen und Gebräuchen von Generation zu Generation.[216] Überliefert werden können darüber hinaus Erkenntnisse, Bräuche, Riten, Lebensregeln, Fertigkeiten, Rechtssätze, Lieder, Gebete, Institutionen u.v.m.[217] Ohne Traditionen müsste jede Generation letztlich alles neu erlernen, wenn man nämlich all die Gegenstände von Traditionen vergessen oder bewusst negieren würde. Traditionen sind also auch Grundlage für die Möglichkeit von Fortschritt, bei ihrer Überbetonung droht allerdings die Gefahr der Stagnation. Der polnische Philosoph *Leszek Kolakowski* hat diese Überlegung treffend auf den Punkt gebracht: „Es gibt zwei Umstände, deren wir uns immer gleichzeitig erinnern sollen: Erstens, hätten nicht die neuen Generationen unaufhörlich gegen die ererbte Tradition revoltiert, würden wir noch heute in Höhlen leben; zweitens, wenn die Revolte gegen die ererbte Tradition einmal universell würde, werden wir uns wieder in den Höhlen befinden. Der Kult der Tradition und der Widerstand gegen die Tradition sind gleichermaßen unentbehrlich für da gesellschaftliche Leben; eine Gesellschaft, in der der Kult der Tradition allmächtig wird, ist zur Stagnation verurteilt; eine Gesellschaft, in der die Revolte gegen die Tradition universell wird, ist zur Vernichtung verurteilt. Die Gesellschaften produzierten immer sowohl den Geist des Konservativismus wie den Geist der Revolte; beide sind nötig, können aber immer nur im Konflikt, nie in einer Synthese, koexistieren."[218] Trotz alledem bleibt der Begriff der Tradition schillernd, versteht doch jeder etwas anderes darunter und bewertet „Tradition" dementsprechend unterschiedlich. Dies liegt daran, dass verschiedene Wissenschaftsdisziplinen (etwa Soziologie, Ethnologie, Volkskunde, Philosophie, Theologie, Literatur-, Geschichts- und Rechtswissenschaft) sich

mit Traditionen beschäftigen, ohne sich auf eine übergreifende Traditionstheorie verständigen zu können.[219]
Seit der Aufklärung befinden sich Traditionen letztlich in der Defensive, denn eine unreflektierte Übernahme von Traditionen wird seither kritisch gesehen und birgt in der Tat die Gefahr eines gesellschaftlichen und staatlichen Stillstandes in sich. Ihnen haftet der Geruch des Konservativen, des Gestrigen an, dem Modernität und Fortschritt entgegengesetzt werden. Der Konservative lebt aber von der Kraft der Traditionen.[220] Er ist dabei nicht reaktionär, denn nur das unreflektierte Festhalten an Traditionen, Riten und eingeübten Verhaltensweisen ist reaktionär und will einen früheren Status quo in der fortlaufenden Geschichte zementieren. Der Konservative will vielmehr an Bewährtes anknüpfen und die im Laufe der Geschichte sich als bewahrenswert erwiesenen Errungenschaften pflegen.[221] Daher sind Traditionen und Reformen bzw. Modernisierung kein – künstlich allerdings oft erzeugter – Gegensatz, sondern beide bedingen sich wechselseitig, um → Nachhaltigkeit zu erreichen.[222] Daher gilt: Verändere, was du bewahren willst!
Traditionen sorgen – bei Wahrung des richtigen Maßes im Sinne einer Offenheit für Veränderungen – für Stabilität, gerade in Krisen- und Umbruchzeiten. Derartige Stabilisierungen werden umso wichtiger, je größer die Komplexität der modernen Welt wird.[223] In diesem Sinne geben Traditionen, Sitten und Gebräuche auch → Heimat.
Auch heute noch werden Traditionen durchaus unreflektiert weitergegeben – oder manchmal auch reflektiert wiederbelebt. Dies ist vor allem im ländlichen Raum (→ Ostenfeld) und in Schleswig-Holstein besonders auf den Inseln zu beobachten. Nicht ohne Grund sind Traditionen auch ganz besonderer Bestandteil der Minderheitenkultur: Die friesische Volksgruppe, die dänische Minderheit in Schleswig-Holstein, die deutsche Minderheit in Nordschleswig und die deutschen Sinti und Roma definieren ihre Minderheitenkultur in einem großen Maße über Traditionen. Derartige Traditionen finden sich in Schleswig-Holstein und Nordschleswig gerade auch im Sport, wenn man an das Rhönrad, Handball, Ringreiten oder Faustball denkt. Und auch „tradi-

tionelle" Speisen und überlieferte Rezepte – vom Labskaus über Kohl bis zur roten Grütze[224] – sind positive Beispiele lebendiger Traditionen in Schleswig-Holstein. Erinnert sei darüber hinaus an das Biikebrennen[225], Trachten, Feuerwerk oder die Windjammerparade in der Kieler Woche.[226]

Ohne dies hier nun philosophisch vertiefen zu wollen: Schon Sokrates, Platon und andere griechische Philosophen hatten erkannt, dass Traditionen in Gestalt eines Tugendwissens erforderlich waren, um nach Glück streben und es auch erreichen zu können.[227] Traditionen begründen also → Kultur, → Identität, → Heimat und Zusammenhalt; gerade das (erfolgreiche) kulturelle Erbe ist ja das, was überliefert wird. Und das leistet seinen Beitrag zum sich stetig erneuernden Glück.

U – Urlaubsland

Wer schon einmal Urlaub in Schleswig-Holstein gemacht hat oder gar das Glück hat, dort zu leben, wo andere Urlaub machen, weiß es: Schleswig-Holstein ist ein Urlaubsland. Und gerade für Touristen aus Deutschland ist das Land zwischen den Meeren immer auf einem der vorderen Plätze der beliebtesten Urlaubsregionen. Dementsprechend stieg die Zahl der Übernachtungen im Jahr 2022 auf 37,5 Millionen.[228] Eine aktuelle Umfrage zeigt diesbezüglich, dass die touristische Attraktivität dadurch begründet wird, dass man sich hier besonders gut erholen und entspannen könne.[229] Bei aller persönlichen Befangenheit: Wer schon einmal einen Tag am Amrumer Kniepsand bei herrlichem Sommerwetter verbringen durfte, wird das ohne Wenn und Aber bestätigen. Als „Geheimtipps" gelten nach wie vor die Holsteinische Schweiz, die Schlei-Region und die Insel Amrum. Aber auch in allen anderen Teilen des Landes lassen sich wunderbare Urlaubstage verbringen – von den Elbmarschen bis Ratzeburg, von Neukirchen bis zur Geltinger Birk. Und echte Geheimtipps gibt es nach wie vor, wenn man an die Übernachtung in der Mühle von Farve, im Leuchtturm von Dagebüll oder im Schleusenwärterhaus an der Arlau-Schleuse in Nord-

friesland denkt. Viele touristische Ziele in Schleswig-Holstein sind eben nicht überlaufen – genau deshalb sind es ja auch Geheimtipps. Allerdings hat sich dieser Befund an einigen Orten in Schleswig-Holstein gerade in der Corona-Zeit verändert. Da die touristische Infrastruktur zwar vorhanden, aber nicht übertrieben ausgebaut ist, kann der touristische Andrang („Übertourismus") mittlerweile auch zu ablehnenden Reaktionen der einheimischen Bevölkerung führen – wie etwa an der Schlei. An einigen Orten gibt es daher längst Diskussionen, wie der Tourismus in vernünftige Bahnen gelenkt werden kann. Die Fehler, die auf Sylt gemacht wurden (Bau von Bettenburgen; Überhandnehmen von Ferienwohnungen, die zu Geisterdörfern im Winter führen; Verdrängung der Einwohner aufgrund hoher Immobilien- und Mietpreise u. v. m.), und nun durch eine „Notbremse" der Gemeinde Sylt dergestalt, keine neuen Ferienwohnungen mehr zu erlauben, zumindest nicht noch weiter vertieft werden sollen, sind anderen touristischen Gemeinden mittlerweile abschreckendes Vorbild und Anlass zum Handeln. So entstehen mittlerweile Beherbergungskonzepte, baurechtliche Begrenzungen oder gerade Ausschluss von Ferienwohnungen, die Festschreibung einer Stagnation oder gar Reduktion von Übernachtungsbetten.[230] Auch bei dem Tourismus gilt es, Maß und Mitte zu wahren.
Den besonderen Flair des Wassers, die weiten Horizonte an Nord- und Ostsee und überhaupt die glücksrelevanten Besonderheiten des → Meeres sorgen für die Attraktivität des Urlaubslandes Schleswig-Holstein. Aber auch ansonsten wird alles geboten: Alte Städte, allen voran die Hansestadt Lübeck, erzählen ihre Geschichten. Überhaupt hat die schleswig-holsteinische Geschichte viel zu bieten, und viele dezentral verteilte Relikte dieser Geschichte geben noch heute ein beredtes Zeugnis spannender Ereignisse. Die → Kultur lockt – nicht nur bei dem Schleswig-Holstein-Musikfestival – zahlreiche Besucherinnen und Besucher an, vor allem die faszinierende Natur, das Meer, die Strände, die schöne Landschaft zwischen den Meeren, das gute Essen, frischer Fisch von (noch existenten) Nebenerwerbsfischern, Krabbenbrötchen oder das Biike-Brennen an der Westküste locken viele Touristen aus

Deutschland und zunehmend auch aus dem Ausland. Dort können sie den Nationalpark Wattenmeer und vielleicht auch bald den Nationalpark Ostsee genießen, auf Campingplätzen, in Ferienwohnungen oder exquisiten Hotels übernachten, Weihnachtsmärkte besuchen, das Weltnaturerbe Wattenmeer genauso wie die zahlreichen Naturparks genießen, das Weltkulturerbe Haithabu und Danewerk oder die Karl-May-Festspiele auf dem Kalkberg in Bad Segeberg bestaunen oder wissenschaftliche Kongresse um eine Erholungsphase verlängern. Der Blick auf das Land zeigt, dass an sich alles für sanften und nachhaltigen Tourismus schon vorhanden ist. Die Versöhnung von Ökonomie und Ökologie kann auch im Tourismus gelingen, ist in Schleswig-Holstein sogar – wie gezeigt – Erfolgsvoraussetzung. Das Beispiel des – am Anfang sehr umstrittenen – Nationalparks Wattenmeer belegt, dass Erfolge für Natur und Tourismus sich nicht ausschließen müssen. Dementsprechend ist das Glückskonzept für das Urlaubsland Schleswig-Holstein also recht einfach: Es gilt, den eingeschlagenen Erfolgsweg weiter zu beschreiten und sich an der → Nachhaltigkeit zu orientieren.[231]

Aber nichts ist so gut, als dass es nicht noch besser werden könnte – auch im Urlaubsland Schleswig-Holstein sind Verbesserungen noch möglich. Dies fängt bei der Qualität der Übernachtungsmöglichkeiten in einigen Regionen an und endet bei dem Erfordernis touristischer Zusammenarbeit und einer dadurch besseren Vermarktung. Viel zu kurz kommen unter touristischen Gesichtspunkten auch die kulturellen Angebote; hier könnte ein virtuelles Haus der Landesgeschichte auch unter touristischen Aspekten genutzt werden, um eine „Kultour" als Pauschalpaket zu buchen – beispielsweise eine Tour zu den Schlössern oder den historischen Städten in Schleswig-Holstein. Dies würde die Möglichkeit der Erkundung von Zuhause aus bieten, um bei Interesse gleich eine Rundreise zu buchen. Derartige Angebote könnten auch für Kreuzfahrt-Touristen interessant sein, die zwar zu Hunderttausenden in schleswig-holsteinischen Häfen, insbesondere in Kiel, zu ihren Kreuzfahrten starten, oft aber nur wenig Zeit in Schleswig-Holstein verbringen und dementsprechend auch verhältnismäßig wenig Geld im

Lande ausgeben. Und auch in der Museumsvermarktung kann sich noch manches verbessern – die Stiftung Schleswig-Holsteinische Landesmuseen rund um Schloss Gottorf ist hier zwar schon recht professionell, aber die Schlösser in Glücksburg und Eutin, die historisch nicht weniger bedeutsam als Gottorf sind, kommen touristisch hier noch recht wenig vor. Aber das Glück kann man auch 2030 noch problemlos im Urlaubsland Schleswig-Holstein finden.

V – Verwaltungsmodernisierung

Wer mich näher kennt, den wird es nicht überraschen, dass „V" mit Verwaltungsmodernisierung besetzt ist. Schließlich habe ich mich viele Jahre wissenschaftlich und auch hauptberuflich verwaltungspraktisch damit beschäftigt.[232] Entsprechend groß ist die Frustration, dass die Verwaltung zu großen Teilen in Zuständen verharrt, die einfach nicht mehr zeitgemäß sind.

Wer kann verstehen, dass fast auf der ganzen Welt eine elektronische Kfz-Anmeldung möglich ist, in Deutschland aber seit 2003 erfolglos daran gearbeitet wird? Warum kann man auf privaten Plattformen (wie beispielsweise Amazon) die verschiedensten Dinge kaufen und erledigen, während der Staat es nach wie vor nicht hinbekommt, einen einheitlichen Auftritt, ein Portal für alle Verwaltungsleistungen anzubieten? Warum mussten alle Bürgerinnen und Bürger, die Haus- oder Wohnungseigentum haben, für die jüngste Grundsteuererklärung uralte Daten und Informationen zusammentragen, obwohl dem Staat die meisten dieser Daten vorliegen? Warum laufen also immer noch die Bürgerinnen und Bürger, nicht aber die (vorhandenen) Daten innerhalb der Verwaltung? Warum müssen die Bürgerinnen und Bürger in großen Städten zum Teil monatelang auf Termine im Einwohnermeldeamt, für die Beantragung eines neuen Personalausweises oder andere Dinge warten? Und warum haben wir in Schleswig-Holstein alle paar Kilometer hauptamtliche Verwaltungen, die aber in der Regel zu klein und fachlich nicht ausreichend qualifiziert sind, um alle ihnen zugedach-

ten Aufgaben zufriedenstellend zu lösen? Jedenfalls muss man konstatieren, dass derzeit niemand einen Kontakt zur Verwaltung ohne Weiteres als glückssteigernd empfinden wird. Längst hat der Zustand der Verwaltung in Teilen eine problematische Qualität erreicht, die zur Bürgerunfreundlichkeit führt.[233]
Der in den letzten Jahren zu beobachtende Stillstand bezüglich der Verwaltungsmodernisierung ist auch unter dem Blickwinkel des größtmöglichen Glücks bedauerlich, denn wer verbringt schon gerne einen Großteil seiner Freizeit mit der Durchführung von Verwaltungsverfahren. Zu Unrecht wird dann allerdings oft auf „die Verwaltung" oder gar „die Beamten" geschimpft, wenn doch letztlich unzureichende Verwaltungsstrukturen, überbordende Gesetzgebung und politische Vorgaben sowie fehlendes Engagement für die Verwaltungsmodernisierung der eigentliche Grund der Unzulänglichkeiten sind. Damit soll allerdings nicht geleugnet werden, dass es auch veränderungsresistente Menschen in Staats- und Verwaltungsfunktionen gibt.
Der fehlende Reformwille in der Politik wird heutzutage, vor allem in den Medien, etwas oberflächlich mit den Erfahrungen aus dem Jahre 2005 begründet, als *Angela Merkel* die Bundestagswahl fast „verloren" hätte, nachdem sie ein umfangreiches Reformprogramm im Wahlkampf verkündet hatte. Seither geht man offenbar davon aus, dass man mit der Ankündigung von Reformen in Deutschland nur Wahlen verlieren könne. Diese angebliche politisch-strategische Erkenntnis führt allerding dazu, dass → Nachhaltigkeit und → Jugendgerechtigkeit so kaum noch erreicht werden können – im Gegenteil, der Reformstau führt zu einer menschlichen wie finanziellen Ressourcenvergeudung und verhindert die Umsetzung zukunftsrelevanter Projekte. Daher teile ich die Einschätzung, dass Verwaltungsmodernisierung als „politisches Thema" wenig Glück für die handelnden Politikerinnen und Politiker verspreche, nicht: Denn alles, was dem Land und seinen Einwohnern mittel- und langfristig Glück verspricht, wird auch in der Politik Nutzen abwerfen. Dies gilt umso mehr, als die Verschuldung des Landes und der Kommunen an sich schon sehr lange deutlich anzeigt, dass ein „Weiter so" nicht mehr zu rechtfertigen ist.

Mit „klassischen" Haushaltskürzungen ist dem Problem längst nicht mehr beizukommen – derzeit umgeht man die Schuldenbremse mit schuldenfinanzierten Sondervermögen, die das Problem aber nur verschärfen und potenzieren. Ohne strukturelle Veränderungen wird man aber keinen Zustand erreichen, indem man mit dem eingenommenen Geld auch die Staatsausgaben finanzieren kann. Ideen und Konzepte für all dies gibt es schon lange – allein der Wille zur Umsetzung fehlt. In der Praxis fehlt es vor allem an einem Staatlichen Innovationsmanagement, das Strukturreformen ganzheitlich angeht, mit hoher fachlicher Kompetenz und politischer Rückendeckung zum Erfolg führt und deren Ergebnisse ehrlich evaluiert.[234] Ein Beispiel für ein anzustrebendes Modernisierungsziel wurde in diesem Buch bereits mit der → öffentlich-rechtlichen Genossenschaft vorgestellt.

Ich möchte nun die Leserinnen und Leser nicht mit langatmigen verwaltungswissenschaftlichen Ausführungen langweilen,[235] aber doch mit einigen Beispielen zeigen, wie Schleswig-Holsteins Verwaltung reformierbar ist – und zwar ohne negative Auswirkungen auf die Bürgerinnen und Bürger, und damit auch ohne Stimmen-Verlustangst für regierende politische Parteien.

1. Verwaltungsstrukturreform

Geld sparen und die Qualität der Verwaltungsleistungen erhöhen – geht das? Die Antwort lautet: Ja, beispielsweise mit einer Verwaltungsstrukturreform.[236] Im Frühjahr 2023 hat Schleswig-Holstein 1.104 Gemeinden, darunter 63 Städte, unter diesen wiederum zwei große kreisangehörige Städte und vier kreisfreie Städte. Hinzu kommen zwei gemeindefreie, unbewohnte Forstgutsbezirke. Insgesamt sind in Schleswig-Holstein einschließlich der kreisfreien Städte über 150 Gemeinde-, Stadt- und Amtsverwaltungen sowie zusätzlich elf Kreise zu verzeichnen. 86 Gemeinden sind amtsfrei, haben also eine eigene Verwaltung. Die übrigen 1.018 Gemeinden gehören einem der 84 Ämter an.[237] Hinzu kommen zahlreiche Zweckverbände, Kommunalunternehmen und wirtschaftliche Unternehmen der Kommunen. Zusätzlich gibt es die Beamten und Beschäftigten des öffentlichen Dienstes in der Landesverwaltung, die sich auf zehn Ministerien (einschließlich Staatskanzlei) und ihre nachgeordneten Behörden verteilen. Insgesamt arbeiteten im Jahre 2022 knapp 168.000 Beschäftigte (Beamte, Richter, Soldaten, Angestellte und Arbeiter) im öffentlichen Dienst in Schleswig-Holstein – verteilt auf Behörden des Bundes, des Landes, der Sozialversicherung und der Kommunen.[238]

Es verwundert nicht, dass hier ein für Außenstehende und oft selbst für Eingeweihte kaum überschaubares Nebeneinander existiert. Besonders auffällig ist das Nebeneinander von Verwaltungen aber gerade auch in der kommunalen Verwaltung im ländlichen Raum: Nimmt man eine Region wie den Dänischen Wohld, so kann man jeweils in etwa sechs Kilometern Entfernung eine vollständige hauptamtliche Verwaltung antreffen. Jede dieser Verwaltungen hat ein eigenes Ordnungsamt, Bauamt, Sozialamt, Standesamt, eine Kämmerei etc. Mit den meisten dieser Fachämter haben die Bürgerinnen und Bürger gar nicht unbedingt unmittelbar zu tun, wie funktionierende Beispiele von Bürgerbüros etwa in Altenholz zeigen. Es liegt auf der Hand, dass hier Bündelungen möglich wären, ohne dass die Bürgerinnen und Bürger etwas merken. Für die Bürgerinnen und Bürger genügt vielmehr eine reale Anlaufstelle sowie ein funktionierendes digitales Angebot – wo, von wem und in welcher Art und Weise die Anträge bearbeitet und Verwaltungsentscheidungen getroffen werden, interessiert die Bürgerinnen und Bürger nicht.

Hinzu kommt, dass die vielen verhältnismäßig kleinen (kommunalen) Verwaltungen in Schleswig-Holstein kaum noch über die erforderliche Fachkompetenz etwa im Planungs-, Umwelt-, Bau-, Vergabe-, Schul- oder Beamtenrecht verfügen, um rechtssichere und qualitativ gute Entscheidungen zu treffen. In vielen Fällen ist längst die Einschaltung privater Beratung oder der Zusammenschluss in weiteren Verwaltungseinrichtungen erforderlich. Der Fachkräftemangel tut ein Übriges, um die Handlungsfähigkeit kommunaler Verwaltungen zu gefährden. Und von den Anforderungen der Digitalisierung und mit ihr der IT-Sicherheit ist noch gar nicht gesprochen worden. Verwaltungen kommen längst an inhaltliche und organisatorische Grenzen, und inwieweit die nun wieder schlechter werdenden öffentlichen Finanzen eine solche Menge an Verwaltung künftig überhaupt noch erlaubt, ist ebenfalls noch nicht ausgemacht.

Über die rechtlichen, politischen, gesellschaftlichen und wirtschaftlichen Rahmenbedingungen einer solchen Strukturreform kann und muss bei Bedarf deutlich mehr gesagt werden. Wichtig ist es aber, die Aufgabenerledigungsprozesse in der Verwaltung ganzheitlich zu betrachten, die Strukturen und Prozesse zu verschlanken und zu beschleunigen, um unter Einsatz moderner Organisations- und Kommunikationsmöglichkeiten eine kostengünstigere Verwaltung mit weniger Mitarbeiterinnen und Mitarbeitern zu erreichen. Bei all dem muss zugleich Europafähigkeit, Zukunftsfähigkeit und Bürgernähe gesichert werden. Kurzum: Selbstverständlich ist eine nachhaltige Verwaltungsmodernisierung viel komplizierter als es im hiesigen Kontext erscheinen mag, doch möchte ich dennoch den Ansatz einer solchen Verwaltungsstrukturreform kurz skizzieren.

Kern der von mir vorgeschlagenen Verwaltungsstrukturreform ist die Auflösung der bestehenden Ämter und Kreise. Während Ämter verfassungsrechtlich nicht garantiert sind, schreibt das Grundgesetz die Existenz der Gebietskörperschaft „Kreis" vor (Art. 28 Abs. 1 S. 2, Abs. 2 GG). An die Stelle der bisherigen 84 Ämter und 11 Kreise treten 35 neue, kleinere Kreise. Mag die Vermehrung der Zahl der Kreise auf den ersten Blick widersinnig erscheinen, so führt dies doch zur erheblichen Verschlankung der Kommunalverwaltung. Im Ergebnis entfällt nämlich eine „Ebene" der Verwaltung, denn die Ämter sind in der Verwaltungspraxis längst über die ihnen historisch einmal zugedachte „Schreibstuben-Funktion" für die amtsangehörigen Gemeinden hinausgewachsen. Die Ämter sind als Verwaltung im ländlichen Raum an sich auch unentbehrlich, daher hat sich nach verschiedenen Reformansätzen schnell die Erkenntnis durchgesetzt, dass weder eine „Kataloglösung" im Sinne gesetzlich vorgeschriebener und höchstens zulässiger Aufgaben (wie es die Amtsordnung derzeit vorsieht) noch eine Rückübertragung aller Aufgaben auf die Gemeinden eine der heutigen Lebensbedingungen und Verwaltungserfordernissen gerecht werdende Lösung darstellt. Der Kern der Verwaltungsstrukturreform besteht somit darin, dass im kommunalen Bereich nur noch eine hauptamtliche Verwaltungsebene existiert. Im Übrigen zeigen die bereits vor der Reform bestehenden Beispiele der Ämter Südtondern und Eiderstedt die Praktikabilität des Modells: Sie entsprechen mit ihrem Gebietszuschnitt weitestgehend den alten Kreisen und bestätigen damit offenbar vorhandene natürliche Gegebenheiten und Erfordernisse von Verwaltungsstrukturen. Da sie Ämter sind, ist ihnen aufgrund der verfassungsgerichtlichen Rechtsprechung und eines tatsächlichen Mangels an demokratischer Legitimation, weil die Verantwortlichen nicht bei der Kommunalwahl gewählt werden, die Zukunftsfähigkeit damit längst verwehrt. Als Kreis hätten sie hingegen die richtige Größe und Struktur. Im städtisch geprägten und dichter besiedelten Hamburger Randgebiet würden diese neuen Kreise vor allem aus Verwaltungsverbänden von Städten bestehen; nur die mit dem Sonderstatus „große kreisangehörige Stadt" versehene Stadt Norderstedt könnte in die Riege der kreisfreien Städte aufsteigen – diesen Status hat sie de facto längst inne. Mit der Schaffung neuer kleinerer Kreise, würde es gelingen, nur noch 40 hauptamtliche Kommunalverwaltungen (35 Kreise und 5 kreisfreie Städte) anstatt bislang ca. 150 Verwaltungen in Schleswig-Holstein vorzuhalten. Es liegt auf der Hand, dass eine solche Reform sehr schnell zu erheblichen Einsparungen in den kommunalen Haushalten führen würde, da aus zahlreichen Ordnungs-, Sozial-, Standes-, Hauptämtern und Kämmereien jeweils eine größere, leistungsfähigere Einheit werden würde. Angesichts entsprechender Fallzahlen ist zudem effektiveres Arbeiten ebenso möglich wie – ganz praktisch – die Realisierung von Urlaubsvertretungen, die in kleineren Verwaltungen bislang schon einmal schwerfällt. Mit der Größe derartiger Verwaltungen und der damit möglichen Arbeitsteilung steigen auch Professionalität und Effektivität des Verwaltungshandelns. Gleichzeitig können die Vorzüge der „Erfolgsmodelle" Amt und Kreis jeweils erhalten bleiben: Der neue Kreis hat mit der Übernahme der alten Amtsfunktionen und einer überschaubaren Größe eine schlanke und bürgernahe Verwaltung. Vor allem kann er sich aber als Kreis wieder um Selbstverwaltungsaufgaben kümmern und die ihm eigentlich zugedachte Ergänzungs- und Ausgleichsfunktion für die kreisangehörigen Gemeinden wahrnehmen. Aufgrund der Einsparungen in der Verwaltung würde er hierfür auch wieder die erforderlichen finanziellen Spielräume besitzen. Mit derartigen neuen Kreisen könnte eine Rückbesinnung auf die übergemeindlichen Aufgaben erfolgen, die an sich der Kreis und nicht – wie heute üblich – das Amt wahrnehmen sollte. Zugleich ist die von Bundes- und Landesverfassungsgericht zu Recht angemahnte demokratische Legitimation gestärkt, da die Kreistage unmittelbar von Bürgerinnen und Bürgern gewählt werden. Die Ortsnähe der Verwaltung lässt sich durch Bürgerbüros wahren, so dass sich für die Bürgerinnen und Bürger im Kontakt zur Verwaltung an sich überhaupt nichts ändert. Sie könnten ihre Anlaufstellen in den alten Gemeinde-, Amts- und Stadtverwaltungen behalten – der Unterschied läge nur darin, dass die fachliche Bearbeitung der Vorgänge in professionellen Verwaltungsstrukturen im Hintergrund erfolgt (Backoffice). Der größte Vorteil einer solchen Reform bestünde aber letztlich darin, dass die kleinen politischen Gemeinden in Schleswig-Holstein und damit ein ganz wesentlicher demokratischer Faktor erhalten bleiben könnten. Denn eine Verwaltungsstrukturreform ist eben keine Gemeindegebietsreform, die politischen Gemeinden blieben als ehrenamtlich verwaltete Gemeinden erhalten und könnten die lokale → Identität und Identifikationsmöglichkeit für die Bürgerinnen und Bürger bewahren. Vor allem aber behielten sie ihr Recht auf Selbstverwaltung und damit ihre politischen Gestaltungsspielräume vor Ort, die ehrenamtliches Engagement für Bürgerinnen und Bürger auch weiterhin interessant machen würde.

2. Digitalisierung

Neben einer Verwaltungsstrukturreform ist die Digitalisierung der Verwaltungsprozesse der zweite große Ansatzpunkt, um eine nachhaltige Verwaltungsmodernisierung zu erreichen. Hier müht Deutschland sich schon seit vielen Jahren relativ erfolglos, und auch die OECD mahnt im Jahre 2023 immer noch neue Anstrengungen bei der Digitalisierung der öffentlichen Verwaltung an. Viele Milliarden Euro sind bereits ausgegeben worden, und noch immer sind weder alle Verwaltungsleistungen für den Bürger digital erreichbar noch sind die Verwaltungen so digital miteinander vernetzt, dass Verfahren in digitalen Arbeitsprozessen abgearbeitet werden können. Hierfür gibt es viele Ursachen, die von falsch verstandenem Zuständigkeitsdenken über die typischen Föderalismusschwierigkeiten bis hin zu fehlenden Expertinnen und Experten reichen. Gescheiterte Projekte wie die elektronische Umsetzung der EU-Dienstleistungsrichtlinie oder – ganz aktuell – die nicht gelungene Umsetzung des Onlinezugangsgesetzes, mit der über ein Portal alle Verwaltungsdienstleistungen digital erreichbar sein sollten, sind nur zwei von vielen abschreckenden Beispielen gescheiterter Modernisierungsanstrengungen. Dabei kann es doch so einfach sein, wenn man an das Vorbild erfolgreicher privater Plattformen denkt, auf denen man sich einmal mit der gebotenen Sicherheit authentifiziert, um dann eine Vielzahl unterschiedlichster Dienstleistungen oder Bestellungen vornehmen zu können. Dabei soll nun nicht einer unkritischen Digitalisierung das Wort geredet werden, die weder den Bedürfnissen aller Bürgerinnen und Bürger noch dem geltenden Verfassungsrecht gerecht wird: Zu erinnern ist an Art. 14 Abs. 2 Landesverfassung SH, der die Richtung sehr klar vorgibt: „Das Land sichert im Rahmen seiner Kompetenzen einen persönlichen, schriftlichen und elektronischen Zugang zu seinen Behörden und Gerichten. Niemand darf wegen der Art des Zugangs benachteiligt werden."[239] Mit dieser – in Deutschland einmaligen – Verfassungsbestimmung ist in Schleswig-Holstein die Gleichrangigkeit des persönlichen, schriftlichen und elektronischen Zugangs zur Verwaltung garantiert.

Zu welch merkwürdigen, gar dystopischen Ergebnissen eine komplette Digitalisierung führen würde, konnte man nicht nur während der Corona-Pandemie erahnen, sondern vielleicht auch an folgendem – rein fiktiven – Beispiel ablesen:

a) Dystopie: Digital über alles – deutsche Gründlichkeit im Netz

Es ist der 11. Oktober 2030. Bürgermeister Jan-Martin Weidmüller setzt sich an diesem Freitagmorgen zuhause an sein Notebook und überprüft, welche seiner Mitarbeiter bereits online sind. Das Rathaus von Neuenbronn steht schon seit einigen Jahren leer, da die Mitarbeiterinnen und Mitarbeiter der Stadtverwaltung zunehmend von dem Angebot Gebrauch gemacht hatten, einen mobilen Arbeitsplatz zu beantragen und von Zuhause oder irgendeinem Ort ihrer Wahl den Amtsgeschäften nachzugehen. Nach einer kurzen Zwischennutzung als Kaufhaus wurde das Rathaus zum Restpostenmarkt, doch nun findet sich kein Mieter mehr, der in die Innenstadt ziehen will. Bürgermeister Weidmüller hat von vielen Interessenten gehört, dass das Rathaus als Anziehungspunkt für einen Besuch in der Innenstadt fehle. Bürgermeister Weidmüller prüft die Dauer der Bearbeitungsvorgänge in den einzelnen Fachnetzwerken (Ämter und Fachbereiche hatte er schon gleich nach der vollständigen Umstellung auf elektronische Verwaltung abgeschafft). Er ist zufrieden, da die durchschnittliche Bearbeitungsdauer im Bereich der Einwohnermeldeverwaltung und bei Bausachen nochmals leicht gesunken ist. Die Bürger von Neuenbronn haben keine Wartezeit mehr im Rathaus, und die Verwaltungsdienstleistungen sind mittlerweile alle mit dem Siegel „24/7-Erreichbarkeit" versehen. Dies war natürlich nur möglich, weil alle Dienstleistungen elektronisch verfügbar sind und damit an 365 Tagen im Jahr nachgefragt werden können. Die Stadt Neuenbronn und ihr Bürgermeister Jan-Martin Weidmüller haben in den vergangenen Jahren zahlreiche Preise für digitale Verwaltung erhalten und sind eine feste Größe in allen Verwaltungsreform-Zeitschriften. Ab und an erreichen Bürgermeister Weidmüller auch noch zustimmende Äuße-

rungen in sozialen Netzwerken von jungen „digital natives". Nur die einstmals stolze Stadtvertretung von Neuenbronn ist zunehmend unzufrieden. Der Unmut entstand dadurch, dass die Stadtvertretung kaum noch etwas zu entscheiden hatte. Wenn Bürgermeister Weidmüller wieder einmal ein Konzept für die fortschreitende Digitalisierung seiner Verwaltung vorlegte, so verstanden die meisten Stadtvertreter dieses nicht. Auch das elektronische Management-Kontrollsystem, das Bürgermeister Weidmüller für ein lückenloses Informationsbedürfnis der kommunalpolitischen Vertreter eingeführt hat, wird nur von wenigen Eingeweihten durchschaut. Mittlerweile finden die politischen Parteien in Neuenbronn kaum noch Interessierte für eine Mitarbeit in der Stadtvertretung.

Auch auf den Straßen von Neuenbronn kann man zunehmend kritische Stimmen hören. Die Bürger vermissen den persönlichen Kontakt zu ihrer Verwaltung, der durch das externe Callcenter in Flensburg nicht annähernd aufgewogen werden kann. Kaum jemand kennt zudem noch Mitarbeiter der Stadtverwaltung, da diese ja nur noch von zu Hause aus arbeiten. Überdies hat Bürgermeister Weidmüller die Belegschaft drastisch reduziert, um die eingesparten Personalkosten in aufwendige IT-Programme und in externen IT-Service zu investieren. Die Mitarbeiterinnen und Mitarbeiter der Verwaltung waren schon lange nicht mehr in der Lage, selbst die IT-Anwendungen zu betreuen.

Im Laufe des Vormittags des 11. Oktober 2030 macht sich die 80-jährige Mathilde G. auf den Weg, um ihren neu erworbenen Pudel bei der Stadt anzumelden. Im Callcenter hat sie erfahren, dass sie hierfür am besten ein Smartbook erwerben sollte (das Smartbook hat im Jahre 2030 endgültig den PC, das Notebook, das Smartphone und elektronische Lesegerät verdrängt, weil es in Form eines Taschenbuches all deren Funktionen vereint). Hier hat sie auch erfahren, dass sie im Servicezentrum der Stadtwerke eine Einweisung in das Gerät und in das Dienstleistungsportal der Stadt erhalten kann. Als sie im Beisein eines freundlichen Kundenbetreuers ihren Pudel Dodo anmeldet, erzählt sie der jungen Frau im Servicecenter von den Zeiten ihrer Jugend ohne

Computer und Internet. Die junge Frau hört staunend zu und spürt den Unmut der alten Dame, dass sie sich auf ihre alten Tage nun noch ein solches Smartbook zulegen muss. Zugleich ist Bürgermeister Weidmüller dazu übergegangen, seine Wahlwerbung an die Bürgerinnen und Bürger von Neuenbronn elektronisch zu versenden. Am Sonntag, dem 13. Oktober 2030, steht bereits um 19.47 Uhr das amtliche Endergebnis der Bürgermeisterwahl fest. Der Gegenkandidat von Jan-Martin Weidmüller hat die Wahl im ersten Wahlgang mit 87,6 % gewonnen – Jan-Martin Weidmüller ist krachend abgewählt worden. Bei seiner nächtlichen Internet-Recherche stellt Jan-Martin Weidmüller fest, dass sein Nachfolger offenbar bei den Bürgerinnen und Bürgern von Neuenbronn damit gepunktet hat, dass er das Rathaus wieder öffnen und persönliche Kontakte mit der Stadtverwaltung ermöglichen will.

b) Utopie: Vernetzung der Verwaltung und neue Arbeitsteilung

Das (fiktive) Beispiel von Jan-Martin Weidmüller dürfte gezeigt haben, dass die rein digitale Verwaltung nicht erstrebenswert ist. Dies darf aber nicht dahingehend missverstanden werden, dass alles beim Alten bleiben sollte. Vielmehr wären ein realer einheitlicher Ansprechpartner und ein einheitliches Portal, wie es die EU-Dienstleistungsrichtlinie und das Onlinezugangsgesetz (OZG) vorschreiben, ein erheblicher Fortschritt, um den Bürgerinnen und Bürgern das stetig wiederkehrende Ausfüllen von Formularen und viele zeitraubende Behördengänge zu ersparen, ohne dafür aber jedes Mal eine andere Behörde aufsuchen oder – bei elektronischer Abwicklung – sich in ein neues IT-Verfahren einarbeiten zu müssen. Es scheint allerdings in der DNA der deutschen Bevölkerung fest verankert zu sein, dass man als Bürgerin oder Bürger für die Regelung eines Lebenssachverhaltes, der mehrere behördliche Erlaubnisse o. Ä. umfasst, sich selbst an alle diese unterschiedlichen Behörden, Kammern und sonstigen Stellen wenden muss. Dabei ist die Idee, eine öffentliche Bündelungsstelle, die alle Verwaltungsverfahren koordiniert und deren Ergebnisse gesammelt der Bürgerin oder dem

Bürger übermittelt, geradezu faszinierend. Denn gerade auch für die → Wirtschaft können digitale, neugestaltete Verfahren eine erhebliche Erleichterung bedeuten. Entscheidend ist dabei aber, dass die bestehende Behördenvielfalt nun nicht einfach zusätzlich elektronisch abgebildet wird, sondern dass die Chancen der Digitalisierung auch wirklich dadurch genutzt werden, dass die Verfahren und Prozesse grundlegend überdacht und neu gestaltet werden. Dies schließt die ggf. erforderliche Änderung von Gesetzen und anderen Rechtsvorschriften ausdrücklich mit ein, denn erfolgreiche Digitalisierung wird vor allem auch durch das Recht bewirkt.[240] Ziel der Digitalisierungsbemühungen in der öffentlichen Verwaltung sollte jedenfalls sein, dass nicht mehr die Bürgerinnen und Bürger zu den Behörden laufen (und zwar unabhängig davon, ob dies physisch oder digital erfolgt), sondern dass die Daten zwischen den Behörden laufen, die Behörden mithin besser als heute miteinander vernetzt sind. Ein großer Schritt wäre insoweit die Schaffung eines verbindlichen Behördenpostfaches für alle Bürgerinnen und Bürger, das dann auch von allen Behörden von Bund, Ländern und Kommunen, Sozialversicherungsträgern etc. verbindlich anzusteuern wäre. Dänemark hat mit Ablauf des Jahres 2014 das elektronische Verwaltungspostfach für alle Bürgerinnen und Bürger verpflichtend eingeführt und seitdem gute Erfahrungen damit gemacht.

Die heutigen Möglichkeiten der IT erlauben ganz andere Verwaltungsstrukturen und Verwaltungsprozesse als in früheren Zeiten, in denen nur eine Originalakte in Schriftform an jeweils nur einer Stelle sein konnte. Allein das Arbeiten mit elektronischen Akten sorgt für ganz andere Möglichkeiten der Verfahrensgestaltung und der Arbeitsteilung. Einen weiteren großen Veränderungsschritt werden Systeme künstlicher Intelligenz ermöglichen, die gerade im Verwaltungs- und Dienstleistungsbereich nun erstmals zahlreiche menschliche Tätigkeiten – etwa des Recherchierens, Sortierens, Auswählens (etwa in Bewerbungsverfahren), Formulierens und Schreibens – ersetzen können (und vermutlich werden). Dies birgt gleichermaßen viele Chancen als auch viele Risiken.[241] Neben völlig neuen technischen, rechtlichen

und ethischen Herausforderungen, die Verwaltungsmitarbeiter regelmäßig überfordern und auch einen gänzlich anderen Arbeitsanfall bewirken, bieten die digitalen Anwendungen allerdings auch völlig neue Möglichkeiten der Arbeitsteilung, deren Realisierung wiederum erst den wirtschaftlichen Einsatz kostspieliger IT-Lösungen ermöglicht. Insgesamt bewirkt der IT-Einsatz jedenfalls einen Trend zur Ortsunabhängigkeit von Verwaltungsdienstleistungen, d. h. eine Lösung der Raumbindung der Verwaltung mit all den Konsequenzen für eine bislang strikt an Territorialbeherrschung orientierte Verwaltung.
Dies geht einher mit einer immer stärker vernetzten Verwaltung, die mittlerweile europaweit rechtlich relevante Informationen oder auch Wissen austauschen muss. Nur auf diese Weise können die europäischen Verwaltungen auf den verschiedensten Ebenen die neue Mobilität der Unionsbürger im europäischen Binnenmarkt administrativ ermöglichen, begleiten, kontrollieren und bei Rechtsverstößen auch einschreiten. Dieser Informationsaustausch kann sinnvollerweise nur elektronisch erfolgen, setzt dann allerdings auch bei den beteiligten Verwaltungen entsprechende Fähigkeiten voraus. Schon dieser Gedanke zeigt, dass eine isolierte Digitalstrategie einer einzelnen Behörde oder auch nur eines einzelnen Bundeslandes geradezu sinnfrei ist und die Verschwendung von Steuergeldern bedeutet.
Die Möglichkeiten digitaler Vernetzung führen auch zu einer Neubestimmung der Arbeitsteilung. Arbeitsteilung ist an sich auch in der Verwaltung kein unbekanntes Phänomen, wurde sie bislang doch mithilfe einer aufgabenbezogenen Spezialisierung in Gestalt einer Vielzahl von Sonderbehörden realisiert. Die Kompetenzen kommunaler Selbstverwaltung bewirken schließlich eine horizontale Arbeitsteilung, die verfassungsrechtlich auch über Art. 28 Abs. 2 GG garantiert ist. Hinzu tritt die horizontale Arbeitsteilung zwischen verschiedenen Fachbehörden auf der staatlichen Ebene, die zu einer wechselseitigen Abschottung und in der Regel völlig eigenständigen Aufgabenerledigung innerhalb des jeweils eigenen Zuständigkeitsbereichs führt. Die heutige Arbeitsteilung in der Wirtschaft und eben auch zunehmend in der Verwaltung gestaltet sich allerdings anders: Sie ist modulbezogen

und prozessorientiert. Zu beobachten ist ein Trend zu einer modularen Aufgabenerledigung bei gleichzeitiger Konzentration bestimmter Aufgabenteile, und der Schlüssel zu diesem Verständnis ist das Prozessdenken. Die Unterscheidung von „Frontoffice" und „Backoffice", die Schaffung von Kompetenzzentren bzw. „Shared Service Centern" sind nicht nur verwaltungswissenschaftliche, sondern längst auch praktizierte Konzepte zur Realisierung von Arbeitsteilung, die mit bestehenden sachlichen und örtlichen Zuständigkeiten allerdings nur zum Teil zu vereinbaren sind. Die Arbeitsteilung bezieht sich insoweit auf einzelne Module eines komplexen Aufgabenerledigungsprozesses, bedeutet also eine Ausdifferenzierung der Arbeitsteilung innerhalb bestehender Zuständigkeiten.

Die hier nur angedeutete Komplexität der Rahmenbedingungen, derer man mit unveränderten staatlichen kommunalen Verwaltungsstrukturen offenkundig nicht Herr werden kann, verlangt nach einem ganzheitlichen Reformansatz. Dies ist offenbar das eigentliche Kernproblem der vielen gescheiterten Bemühungen um eine Verwaltungsmodernisierung. Meist fehlt es den Verantwortlichen in Politik und Verwaltung an der hinreichenden Kenntnis für Reformnotwendigkeiten und Reformmöglichkeiten. Und selbst wenn Verwaltungsreformen ins Werk gesetzt werden sollen, so scheitern sie oftmals, weil es an einer fundierten, kenntnisreichen Steuerung des Vorhabens fehlt. In den Wirtschaftswissenschaften hat sich schon seit Langem die Einsicht durchgesetzt, dass die Steuerung eines Innovationsvorhabens keine im normalen Geschäftsgang zu erledigende Aufgabe ist. Genau deshalb wird auch im Bereich der staatlichen und kommunalen Verwaltung ein entsprechendes Innovationsmanagement benötigt. Dessen Aufgabe ist es, gemeinsam mit der Politik Ziele zu definieren, sie zu kennen und ihre Erreichung während des Reformprozesses zu überwachen. Organisatorisch erfordert dies auf der Leitungsebene eine strategisch denkende, mit ressortübergreifenden Zuständigkeiten versehene und mit Fachleuten unterschiedlicher Provenienz ausgestattete Einheit, die unmittelbar der Exekutivspitze berichtet. Ein solcher „Innovationsmanager" ist deutlich mehr, als das heute gerade moderne CIO-Konzept vorsieht. Digitalisierung ist eben deutlich mehr als nur die Einführung von neuen IT-Systemen.

3. Versöhnung von Mensch und Maschine

Der Beispielsfall aus der Zukunft (2. a)) hat gezeigt, dass dieser Gedanke eines ganzheitlichen Staatlichen Innovationsmanagements nicht beherzigt wurde. Vielmehr wurde eine technische Mode verabsolutiert, ohne noch die Bedürfnisse der Menschen zu bedenken – und um die geht es nun einmal bei staatlicher und kommunaler Verwaltung. Im Kontext der rasanten Digitalisierung zahlreicher Lebensbereiche hat der Träger des Friedenspreises des Deutschen Buchhandels 2014, *Jaron Lanier*, schon vor knapp zehn Jahren zutreffend angemahnt, wieder stärker die menschliche Würde in den Blick zu nehmen. Dreh- und Angelpunkt des Staates und der Kommune bleibt der Mensch, bleibt die menschliche Würde, wie Art. 1 Abs. 1 GG unmissverständlich verdeutlicht. Gerade die kommunale Selbstverwaltung lebt von den Menschen und kann nicht durch Technik ersetzt werden. Dies schließt nicht aus, in verstärktem Maße einen klugen und wirtschaftlichen Einsatz von Informations- und Kommunikationstechnik zur Erledigung der Verwaltungsaufgaben einzusetzen. Und das schließt auch einen Einsatz von Systemen künstlicher Intelligenz ein, sofern die Entscheidungsprozesse und die Ergebnisse von Menschen kontrollierbar und ersetzbar bleiben. All das kann und wird dann auch dazu führen, dass angesichts der neuen Möglichkeiten der Arbeitsteilung bei kleineren kommunalen Einheiten die hauptamtliche Verwaltung und die kommunale Selbstverwaltung nicht immer deckungsgleich sein müssen. Dabei muss auch die Einsicht reifen, dass die Auswahl des technischen Hilfsmittels nicht den Kernbereich kommunaler Selbstverwaltung bildet und die Kommune sich daher ruhig gemeinsamer Lösungen in einem größeren Kontext bedienen sollte. Hier liegt nach wie vor vieles im Argen, und viel unnötiges Geld geht in die Errichtung eigener IT-Systemlandschaften, anstatt die Mittel für die eigentlichen Aufgaben einzusetzen. Eines aber ist sicher: Die ausschließlich digitale Verwaltung, das völlig elektronische Rathaus wird es niemals geben. Letztlich darf weder im Verwaltungsalltag noch bei allen Überlegungen zur Verwaltungsmodernisierung vergessen werden, worum es eigentlich geht: Ziel allen Handelns ist eine gute Verwaltung, wie sie Art. 41 der Charta der Grundrechte der Europäischen Union und auch Art. 52 Abs. 2 S. 2 Landesverfassung SH vorgeben.[242] Das Ziel einer guten Verwaltung ist kein Selbstzweck, sondern soll dem guten und glücklichen Leben der Bürgerinnen und Bürger dienen. Insoweit gilt auch für alle Verwaltungsreformen: Verändere, was du bewahren willst! Oder etwas prosaischer in den Worten des Staats- und Kirchenreformers *Lodovico Antonio Muratori* (1672–1750): „Glorreich ist in Wahrheit, andern einzeln gutes erweisen! Um wie viel glorreicher also muß wohl seyn, einem ganzen Volk gutes erweisen und seine Sorgen anspannen, auf daß im gemeinen Wesen das Uebel möchte gemindert, und das Gute vermehret werden?"[243]

W – Wirtschaft

Auch Ökonomen denken seit Längerem über Glück nach: Waren es früher vor allem die Philosophen, so forschen heute Statistiker nach dem größten Glück und versuchen es zu berechnen[244]. Und so widmet man sich der „Glückswirtschaft" und stellt fest, dass jedenfalls in wohlhabenden Ländern die Steigerung des Bruttoinlandsprodukts nicht mehr zu einer signifikanten Steigerung der subjektiven Lebenszufriedenheit und damit des Glücks beiträgt. Ab einer gewissen Wohlstandsgrenze gilt also: Geld allein macht nicht glücklich. Wenn die Grundbedürfnisse gesichert sind, rücken andere Aspekte wie geringere Einkommensunterschiede zwischen den Menschen, Mitbestimmungs- und Mitwirkungsmöglichkeiten in Unternehmen und Behörden, ethisch interessante Zielsetzungen u. v. m. in den Vordergrund.[245] Darüber hinaus ist Glück selbst längst als Wirtschaftsfaktor erkannt worden, denn glückliche Menschen sind zufrieden und gesünder. Daher wird inten-

siv versucht, mit Kursen, Schulungen, allen möglichen Produkten und anderen Angeboten etwas Glück zu erhaschen und als Anbieter damit eben auch Geld zu verdienen.[246]
Auch wenn in der Bibel Arbeit als Strafe für den Sündenfall des Menschen dargestellt wird[247] und die Philosophen in der Antike „otium", also die geistig produktive Muße, nicht aber körperliche Arbeit zum Ideal erklärt hatten,[248] so ist doch in heutigen Gesellschaften anerkannt, dass Arbeit durchaus glücklich machen kann.[249] Allerdings kommt es auf den Arbeitsplatz, die Sinnhaftigkeit der Arbeit, das Umfeld, das Arbeitsklima, die Kolleginnen und Kollegen, die Gesundheit, die Vereinbarkeit mit der Familie und vieles mehr an. Für das Glück durch Arbeit besteht also auch Verantwortung der Unternehmen, Dienstherren und Vorgesetzten für entsprechende Arbeitsbedingungen zu sorgen. Die rumänischen Arbeiter im Schlachthof, die in erbärmlichen Unterkünften untergebracht werden, werden ihre Arbeit nicht als Glücksfaktor empfinden. Der aktuelle und sich noch verschärfende Fachkräftemangel könnte allerdings die Chancen auf noch mehr Beiträge der Arbeit zum Glück durchaus steigern.
Wie sieht nun die Wirtschaft im Jahre 2030 aus? Mit Sicherheit anders als jetzt. Derzeit sind in Schleswig-Holstein der Mittelstand und der Dienstleistungssektor prägend. Dienstleistungen haben im Jahr 2022 73,8 Milliarden Euro und damit 72,4 % zur Bruttowertschöpfung Schleswig-Holsteins beigetragen (im Bundesschnitt: 69,3 %). Im Primärsektor, also in Landwirtschaft und Fischerei, wurden 2022 2,4 Milliarden Euro und damit 2,3 % der Bruttowertschöpfung (Bundesdurchschnitt: 1,2 %) erwirtschaftet.[250] Wie und wohin sich die Wirtschaft entwickelt, kann angesichts der aktuellen Krisen- und Umbruchzeiten niemand mit Sicherheit voraussagen – ich schon gar nicht. Die Forderungen der Industrie- und Handelskammer Schleswig-Holstein zur Landtagswahl 2022 betrafen a) die Digitalisierung und Dekarbonisierung Schleswig-Holsteins, b) den Bürokratieabbau und die Förderung des Unternehmertums, c) die Förderung von Talenten und die Entwicklung von Fachkräften, d) die Planung, Entwicklung und Förderung von Standorten, e) Fortschritte bei Verkehr und neuer Mobi-

lität und f) die Unterstützung von Tourismus und Gesundheitswirtschaft.[251] Ohne große prophetische Gabe lässt sich aber vorhersagen, dass die Digitalisierung voranschreiten und der Einsatz von Systemen künstlicher Intelligenz neue Möglichkeiten gerade im Dienstleistungssektor bringen wird.

Auch ohne Glaskugel gibt es aber einige Weichenstellungen, die jetzt vorgenommen werden sollten, damit „die Wirtschaft", also die Unternehmerinnen und Unternehmer sowie die in den Unternehmen arbeitenden Menschen im Jahre 2030 glücklich sind. Dazu gehört zum Beispiel die Verbesserung des grenzüberschreitenden Austausches von Waren und Dienstleistungen mit Dänemark. Auch wenn Dänemark der wichtigste Handelspartner Schleswig-Holsteins ist, so sind doch immer noch rechtliche, bürokratische und mentale Hürden zu beseitigen. Der Dänemark-Koordinator im Range eines Staatssekretärs in der aktuellen Landesregierung ist dafür ein wichtiger Akteur und richtiger Ansatz.

Im Jahr 2030 wird die Bekämpfung des Fachkräftemangels nach wie vor eine große Herausforderung sein. Dies ist zugleich ein Thema der → Bildung: Derzeit produziert unser Bildungssystem zu viele Abiturienten und zu viele Studenten. Darunter leiden klassische Ausbildungs- und Lehrberufe, die trotz guter beruflicher Perspektiven unattraktiv erscheinen. Gleichzeitig werden aber auch das Abitur entwertet, die Studierfähigkeit eingeschränkt und mit der Fokussierung auf schnelle Bachelor-Abschlüsse auch die Qualität der Universitätsabsolventen verschlechtert, wenn Gymnasien plötzlich mit Gemeinschaftsschulen und Berufsschulen um Abiturienten konkurrieren. Dies liegt u.a. auch an den kurzsichtigen, aber penetranten OECD-Einflüsterungen[252], denen zufolge Deutschland mehr Abiturienten und Studienabsolventen brauche. Derzeit ist die Entwicklung aber zu einseitig – die richtige Balance im Bildungswesen und die Nutzung der deutschen Stärken im dualen Ausbildungssystem sind ein Schlüssel für die Zukunftsfähigkeit der Wirtschaft. Diese kann zudem durch eine bessere Vernetzung mit Universitäten und Hochschulen gestärkt werden – hier herrscht oft noch Sprachlosigkeit zwischen beiden Welten. Auch eine Verschlan-

kung des staatlichen Sektors durch → Verwaltungsmodernisierung kann Arbeitskräfte für die Wirtschaft freisetzen und im Übrigen staatliche Genehmigungsverfahren für die Wirtschaft verschlanken, so dass → Verwaltungsmodernisierung als Standortvorteil erscheint.[253]
Generell sind Staat, Wirtschaft und Gesellschaft erfolgreich, wenn bis 2030 wieder die Einsicht Oberhand gewonnen hat, dass man nur das Geld ausgeben kann, das von Bürgern und Wirtschaft verdient wurde.
Für eine erfolgreiche Wirtschaft im Jahre 2030 sind fortlaufend Innovationen erforderlich. Schleswig-Holstein bietet dafür in zahlreichen Wirtschaftszweigen gute Voraussetzungen, da kompetente Forschung, gut ausgebildete Menschen und flexible mittelständische Unternehmen vorhanden sind. Allerdings ist derzeit die Innovationsdichte im ländlichen Raum deutlich geringer[254], was mit Blick auf die Attraktivität des ländlichen Raumes als Arbeitsplatz und Wohnort bedenklich ist. Daher sollte der Staat hier die Standortbedingungen sichern und insbesondere für eine ausreichende Infrastruktur (u.a. Breitbandversorgung) sichern. Ebenso erscheint ein besserer Zugang für Firmengründer zu Wagniskapital erforderlich, für deren Vermittlung, Einsammlung und Absicherung mit der Investitionsbank (IB.SH), der WTSH und der Bürgschaftsbank die institutionellen Strukturen vorhanden sind. Bei der Einsammlung von Wagniskapital haben Schleswig-Holstein, Deutschland und die EU erheblichen Nachholbedarf gegenüber anderen Weltregionen – und perpetuieren damit einen Standortnachteil für Start-ups.
Essentiell für die wirtschaftliche Entwicklung ist die Energieversorgung. Für Schleswig-Holstein liegt eine vermutlich einmalige Entwicklungschance darin, die Wertschöpfung aus → erneuerbaren Energien auch in Schleswig-Holstein durchzuführen – und nicht nur Stromproduzent für den Süden Deutschlands zu sein. Unser Energiereichtum muss genutzt werden, doch dafür bedarf es gesetzgeberischer, infrastruktureller und innovatorischer Weichenstellungen. An sich könnte Strom in Schleswig-Holstein sogar verschenkt werden, bevor Windräder wegen Netzüberlastung abgeschaltet werden, rechtlich ist dies derzeit jedoch nicht möglich. Anstelle der Abschaltprämie für Windmüller auf

Kosten der Stromkunden sollte man Wind- und Solarstrom lieber für die Erzeugung von Wasserstoff und anderen Dingen nutzen.
Der Tourismus spielt für die schleswig-holsteinische Wirtschaft ebenfalls eine große und zunehmende Rolle – Schleswig-Holstein ist eben ein → Urlaubsland. Angesichts der lokal zu beobachtenden Entwicklungen zu „Übertourismus" sowie den auch immer noch zunehmenden Kreuzfahrttourismus sollten die Bemühungen um die → Nachhaltigkeit der touristischen Angebote aber noch verstärkt werden, damit Schleswig-Holstein nicht zu einem Ort des billigen Massentourismus wird. Auch für die touristischen Angebote muss allerdings die Infrastruktur gepflegt und ausgebaut werden – auch Autobahnen sind wesentliche Standortfaktoren für Wirtschaft und Tourismus. Der extrem langwierige Aus- und Weiterbau von A20, A21 und A23 hemmt die wirtschaftliche Entwicklung des Landes. Und zusätzlich zur Infrastruktur müssen wir auch staatlich und kommunale Daseinsvorsorge zeitgemäß definieren, um das gute und glückliche Leben der Menschen zu sichern, entsprechende Tätigkeitsfelder für Unternehmen zu gewährleisten und die Grundlage für künftige wirtschaftliche Entwicklung zu sichern. Im Bereich der digitalen Daseinsvorsorge haben Schleswig-Holstein und Deutschland noch erheblichen Nachholbedarf, und die aktuell geplante Privatisierung der Wärmeversorgung und damit eines Teils der Daseinsvorsorge im ländlichen Raum muss schon erhebliche Sorgen bereiten, wenn man an die Lebensfähigkeit der ländlichen Räume denkt, in denen immerhin die Hälfte der Schleswig-Holsteinerinnen und Schleswig-Holsteiner lebt. Am Thema Wirtschaft sieht man, dass der Weg zum Glück nicht immer einfach ist und vorausschauender Planung bedarf.

X – X-Generation

Trotz dieses schwierigen Buchstabens musste ich nicht lange überlegen, ihn an das Stichwort „X-Generation" zu vergeben. Was hat diese nun mit dem Glück in Schleswig-Holstein zu tun? Nun ja, sie ist aktuell in der Verantwortung, zahlenmäßig groß und scheint ja erfolgreich am Spitzenplatz des Glücksrankings gearbeitet zu haben. Und natürlich will ich nicht verschweigen, dass ich ihr als früher Protagonist selbst angehöre.

Zur Generation X werden gemeinhin die Jahrgänge 1965 bis 1980 gezählt.[255] Für die Generation X soll charakteristisch sein, dass sie sich erstmals ohne Kriegseinwirkung mit weniger Wohlstand und ökonomischer Sicherheit begnügen müsse als die vorherigen Generationen, andererseits aber zugleich für deren ökonomische und ökologische Sünden büßen müsse.[256] Kurzum: Das Wohlstandsversprechen gilt für diese Generation erstmals nicht mehr bei gleichzeitiger Übernahme der Umwelt- und Klimaschäden. Vielleicht mag es die X-Generation deshalb auch nicht so sehr, wenn die „Generation Z"[257], insbesondere in ihrer Ausprägung als „Last Generation", sich vor ihr auf die Straße klebt und Verzicht fordert, während sie selbst die Annehmlichkeiten der heutigen Welt genießt und Unmengen CO_2 für den Strom zum Streamen, Chatten, soziale Netzwerke etc. verpulvert.

Der Vorteil der X-Generation dürfte in ihrer – modern gesprochen – Resilienz[258] liegen: Sie ist aufgewachsen in den 1980er Jahren, die zwar von Krisen wie dem letzten Aufbäumen des Kalten Krieges, der Nato-Nachrüstung, dem Waldsterben oder den Nachwehen der RAF gekennzeichnet war, zugleich aber auch von vielen positiven Veränderungen und insbesondere einer optimistischen Aufbruchs- und Grundstimmung gekennzeichnet waren. Zugleich war das Leben noch real und fand nicht vorwiegend virtuell statt.

Aus Sicht der nachfolgenden Generation(en) stellen die X-Generation und erst recht die zahlenmäßig noch stärkere Generation der direkt davor zu verortenden „Baby-Boomer", die jetzt schon im Ruhestand sind oder gerade dahin wechseln, ein großes Problem dar. Denn es stellt sich die Frage: Wer soll die Renten und Pensionen der Baby-Boomer und der X-Generation zahlen? Kamen 1965 noch 5,5 Beitragszahler für einen Rentner auf, so waren es 1990 nur noch 2,8 und im Jahre 2021 nur noch 2,1 Beitragszahler, die einen Rentner finanzieren mussten. Zugleich hat sich der Rentenbezug von durchschnittlich 10,1 (Männer) bzw. 11,6 (Frauen) Jahren im Jahre über 13,9 (Männer) bzw. 17,2 (Frauen) Jahren im Jahre 1990 auf nunmehr 18,8 (Männer) bzw. 22,1 (Frauen) Jahre verlängert.[259] Es liegt auf der Hand, dass die bisherige Finanzierung dieser Altersversorgungssysteme nicht ausreichen wird. Schon jetzt muss der Staat aus Steuergeldern die Renten- und Pensionslasten in den öffentlichen Haushalten abfedern. Künftig zeichnet sich aber ein veritabler Generationenkonflikt mit Auswirkungen auf Wahlergebnisse ab: Rentnerinnen und Rentner bzw. Pensionäre wollen – wie ihre Vorgänger, für die sie auf der Grundlage des sog. Generationenvertrages aufgekommen sind – das Renten- und damit ihr Wohlstandsniveau halten, während die nachfolgende, aktuell arbeitende Generation von diesen Lasten nicht erdrückt werden will. Es ist nicht zu leugnen, dass von Bund und Ländern unzureichend Vorsorge getroffen worden ist[260] – die Debatten der Nachbarstaaten werden auch uns einholen.[261] Die von der Politik erdachten „Riester"- und „Rürup"-Zusatzrenten waren im Ergebnis kostspielige Fehlschläge und sind keine „zweite Säule" der Altersversorgung geworden, wie man sie etwa in den Niederlanden erfolgreich etabliert hat. Bei der Beibehaltung der jetzigen Systeme wird der Staatsanteil aus Steuern stetig steigen müssen, um Defizite auszugleichen. Eine grundlegende Reform ist derzeit nicht in Sicht.

Es wird aber an vielen Stellschrauben nachzujustieren sein. Mit Blick auf die staatliche Verwaltung und deren Beamte und Angestellte erscheint es als ein großer Fehler, auf Aufgabenabbau, Funktional- und Verwaltungsstrukturreformen (→ Verwaltungsmodernisierung) zu verzichten. Stattdessen werden im politischen Raum stetig neue Aufgaben „erfunden" und seit einigen Jahren stetig auch neues Personal aufgebaut. Allein mit dem Haushalt 2023 sind für die schleswig-holsteinische Landesverwaltung ca. 1.400 neue Stellen vorgesehen! Ohne Frage ist es gerade in krisenhaften Zeiten erforderlich, dass der Staat seine Aufgaben gut erfüllt – es ist jedoch nicht schädlich, wenn er sich auf seine Kernaufgaben beschränkt. So muss man schon in Frage stellen, wenn jüngst im Koalitionsvertrag von CDU und SPD in Berlin ein(e) Queer-Beauftragte(r) der Landesregierung und die Realisierung eines „Regenbogenhauses" verabredet werden. Und ebenso muss in

Schleswig-Holstein befremden, wenn einerseits die – gesetzlich vorgeschriebene – Antidiskriminierungsstelle bei der Bürgerbeauftragten[262] eingerichtet worden ist, dann aber noch die Sozialministerin in ihrem Haus eine Stabsstelle Antidiskriminierung mit mehreren Mitarbeiterinnen und Mitarbeitern einrichtet. Angesichts der absehbaren Haushaltslage können weder alle Minderheiteninteressen mit hauptamtlichen Organisationseinheiten bedient werden noch sollten berechtigte bzw. gesetzlich vorgesehene Anliegen durch Doppelstrukturen entwertet werden. Offenbar ist bereits vergessen, dass aufgrund der dramatischen Lage der öffentlichen Haushalte zu Beginn des Jahrtausends erhebliche Einschnitte auch in der öffentlichen Verwaltung erforderlich waren und auch vorgenommen wurden. Der Personalabbau und die Personalkosteneinsparung um 2010 waren auch in Schleswig-Holstein erfolgreich, wenn auch – mit Blick auf zukünftige Lasten – noch längst nicht ausreichend. All dies wird aber längst konterkariert, denn anstatt diesen Pfad weiter zu beschreiten, sind seither ständig neue Aufgaben von der Politik „erfunden" und dafür immer wieder neue Stellen geschaffen worden, obwohl es längst schon schwierig ist, angesichts des Fachkräftemangels noch geeignetes Personal einzustellen. Die berechtigte Kritik des Landesrechnungshofes,[263] keine neuen Stellen zu schaffen, stattdessen das vorhandene Personal aber besser zu bezahlen und auch ihre Renten/Pensionen zu sichern, wird bislang nicht beachtet.

Geld allein macht nicht glücklich, ist aber dennoch ein wesentlicher Faktor für die Möglichkeiten, ein glückliches Leben zu führen. Von daher ist das ganzheitliche Betrachten der Renten- und Pensionsproblematik im Kontext finanzieller → Nachhaltigkeit der Staatsfinanzen ein wesentlicher Glücksfaktor für 2030 und danach. Keine Lösung ist es jedenfalls, immer mehr Menschen in die Altersarmut zu schicken und von staatlicher Grundsicherung abhängig zu machen, obwohl sie ein Leben lang gearbeitet haben. Das erzeugt das Gegenteil von Glück.

Y – Y-Tours

Y-Tours - so hieß die Bundeswehr während meiner aktiven Zeit im Heer (1985-1987). Den Namen hatte sie von den „Urlauben" und „Ausflügen", die man mit ihr unternehmen konnte – oder eher musste. Dazu gehörten der Camping-Urlaub in der „Dackelgarage" (einem kleinen Zwei-Mann-Zelt) auf dem Truppenübungsplatz oder Bootsfahrten auf einem See – allerdings nur für das Gepäck, während man selbst durch den See schwimmen musste. Unvergessen blieb auch die Abenteuerromantik mit Zigarette auf dem Baumstamm, den man mit fünf Kameraden zum Lagerplatz tragen musste – damit man Feuerholz für die nächsten zehn Jahre hatte. Ansonsten waren es vor allem Busreisen, die einem zum Schießen oder vom Nachtalarm verdreckt in die Kaserne brachten. Die Unterkunft war in Sternen nicht zu klassifizieren, das Essen in der Vollpension konnte aber immerhin mit der Mensa mithalten. Aber das Ganze ist ja auch fast 40 Jahre her, und es war ja noch „Kalter Krieg" ... Die Auslands- bzw. Fernreisen mit Flugzeugen und Schiffen kamen erst später dazu, als die Landesverteidigung egal und die Auslandseinsätze das – mit Blick auf die Verfassung fragwürdige – Maß aller Dinge wurden. Und nun – alles zurück in die Zukunft, zurück in die 80er Jahre? Das wohl nicht, aber immerhin scheint die Landesverteidigung nun (endlich) wieder den Stellenwert zu erhalten, der ihr für einen souveränen Staat gebührt. Sicherheit und Glück gehören untrennbar zusammen, wie das bittere Los der Ukraine beweist. Mittlerweile wird immer deutlicher, dass in der Vergangenheit – genauer: seit 1990 – viele Fehler gemacht worden sind. Der russische Angriffskrieg auf die Ukraine hat diese Fehler überdeutlich werden lassen. Die Verteidigungsfähigkeit der Bundeswehr ist – wie führende Repräsentanten offen einräumen – nur sehr eingeschränkt vorhanden. Dies liegt u.a. an der Konzentration auf Auslandseinsätze, die etwa damit gerechtfertigt wurden, dass Deutschlands Sicherheit am Hindukusch verteidigt werde (so der frühere Verteidigungsminister Peter Struck). Dabei handelt es sich um einen „mediengängigen Spruch", der aber letztlich inhaltlich und rechtlich falsch war. Inhaltlich hat er sich als falsch erwiesen, da die Bundeswehr unter unwürdigen Umständen aus Afghanistan abziehen musste und in dem Land leider keine nachhaltigen Erfolge (mehr) zu sehen sind. Das Konzept der Demokratisierung auf der Grundlage militärischer Einsätze ist in vielen Staaten gescheitert und sollte überdacht werden. Rechtlich war die Aussage fragwürdig, weil Art. 87a Abs. 1 S. 1 GG bestimmt: „Der Bund stellt Streitkräfte zur Verteidigung auf." Das schließt Auslandseinsätze zwar nicht aus, gebietet aber die Schwerpunktsetzung auf der Landesverteidigung.[264]

Die überstürzte Aussetzung der Wehrpflicht hat sich ebenfalls als Fehler erwiesen, weil so nicht nur die wichtige Personalrekrutierung für die Bundeswehr, sondern auch gleich der Zivildienst und andere gesellschaftliche Dienste zerstört wurden. Vor allem aber hat das bewährte Konzept des „Bürgers in Uniform" darunter stark gelitten. Immerhin hat die Diskussion über ein verpflichtendes gesellschaftliches Jahr wieder begonnen. Aus meiner Sicht wäre es auch sehr wünschenswert, ein solches gesellschaftliches Jahr für Männer verpflichtend (s. Art. 12a Abs. 1, Abs. 2 GG) und für Frauen freiwillig einzuführen. Ein solcher Dienst ist hilfreich bei der Persönlichkeitsentwicklung, der Berufsorientierung und beim Erlernen des Gemeinwohlgedankens, der für die → Republik essentiell ist. Die derzeit rein freiwilligen Alternativen (freiwilliges soziales, ökologisches, politisches Jahr oder Bundesfreiwilligendienst) haben längst nicht den erhoffen Zulauf, was bei näherem Hinsehen aber auch nicht verwundert. Denn die Akzeptanz dieser Dienste wird nicht gelingen, wenn die Rahmenbedingungen deutlich schlechter als bei einem freiwilligen Wehrdienst im Heimatschutz sind. Selbstverständlich kann es nicht um einen möglichst hohen Verdienst gehen, aber wenn für freiwillige soziale Jahre lediglich ca. 400 Euro monatlich gezahlt werden und der junge Mensch (oder wohl meist eher seine Eltern) komplett selbst für Unterkunft und Verpflegung aufkommen müssen, so wird ein solcher Dienst eher als Ausbeutung denn als Dienst an der Republik erscheinen. So gesehen kann man nur hoffen, dass 2030 die Verankerung solch freiwilliger Dienste in der Gesellschaft deutlich besser als heute sein wird, weil ein solches „republikanisches Pflichtjahr" als wie auch immer gearteter Dienst für die Gesellschaft mit einer vernünftigen und zeitgemäßen Ausgestaltung für alle Einzug gehalten haben wird. Das umfasst dann auch die Möglichkeit des Wehrdienstes in der Bundeswehr.

In den gewandelten Zeiten hat Schleswig-Holstein plötzlich auch wieder strategische Bedeutung erlangt: der Nord-Ostsee-Kanal, der seine Entstehung ja auch militärischen Überlegungen verdankt; die Ostsee als Binnenmeer von zwei sich nun wieder gegenüberstehenden „Blöcken"; die Bedeutung unseres Bundeslandes als einzige schmale Landverbindung zwischen Mitteleuropa und Skandinavien; das einzige Land mit zwei Meereszugängen; all das hatte man schon früher erkannt, dann aber offenbar vergessen. Nur so sind viele Fehlentscheidungen der vergangenen Jahrzehnte zu erklären, die nun nach und nach korrigiert werden – vom Marinearsenal bis zur Flottenpräsenz in Kiel einschließlich des Baus von U-Booten. Zwar vermisst sicherlich kein Kieler den Lärm der Hubschrauber des früheren Marinefliegergeschwaders 5, aber nach wie vor kann der aktuelle Standort Nordhorn in Niedersachsen nicht überzeugen, wenn Aufklärungs-, Verteidigungs- und vor allem Seenotrettungsaufgaben in der Ostsee zum Aufgabenportfolio dieser Einheit gehören. In Hohn, das als Militärflugplatz nun wieder unverzichtbar geworden ist, könnte man Nord- und Ostsee in ungefähr gleicher Zeit und schneller erreichen. Verteidigungspolitik sollte also nicht mehr irgendwem überlassen werden – wir müssen uns auch als Bürgerinnen und Bürger dafür interessieren! Damit wird die Bundeswehr dann auch wieder zu einem Standortfaktor für die ländlichen Räume Schleswig-Holsteins, denen durch Standortniederlegungen erhebliche Wirtschaftskraft verlorengegangen war. Trotz der propagierten „Zeitenwende" und eines nach einem Jahr noch nicht ansatzweise eingesetzten Sondervermögens in Höhe von 100 Milliarden Euro gibt es weiterhin erhebliche Defizite und Missstände bei der Bundeswehr, auch in Schleswig-Holstein.[265] Nach wie vor herrschen zum Teil absurde Zustände und für die Soldaten nicht akzeptable Bedingungen, die zudem abschreckend für die Nachwuchsgewinnung wirken. Angesichts des russischem Angriffskrieges auf die Ukraine, der weiteren Pläne zur Destabilisierung von Nachbarländern (z.B. Moldau) und generell der geopolitischen Lage ist es grotesk, welche Debatten wir in Deutschland führen. Es verstört aber vor allem unsere eigene Unfähigkeit, die selbst angelegten Fesseln bürokratischer Hemmnisse und überforderter Verwaltungsstrukturen abzustreifen bzw. zu reformieren, um die derzeit fehlende Einsatzbereitschaft der Bundeswehr und damit die Verteidigungsfähigkeit Deutschlands wiederherzustellen. Die beste Bundeswehr ist dann aber auch künftig diejenige, die nicht zum (Kampf-)Einsatz kommen muss, weil sie abschreckend genug wirkt. Man mag über viele Y-Tours-Erlebnisse der 80er Jahre schmunzeln, aber wesentlich einsatzbereiter als heute war die Bundeswehr seinerzeit.

Z – Zukunftslobby

Da es in unserem Büchlein ja um das Glück Schleswig-Holsteins in der Zukunft (2030) geht, muss „Z" der Zukunft gehören. Dafür möchte ich einen Gedanken einführen, der bislang nur in Richtung Wirtschaft geäußert wurde, meines Erachtens aber ausbaufähig ist: die Zukunftslobby.[266] Eine solche Zukunftslobby sollte aber nicht auf den Bereich der Wirtschaft beschränkt sein, sondern müsste die in diesem Buch punktuell angerissenen Themen ebenso im Blick haben, von → Bildung, → Erneuerbaren Energien, → Jugendgerechtigkeit, → Landwirtschaft über → Nachhaltigkeit, → Traditionen bis hin zu → Wirtschaft. Es geht also darum, der Zukunft in den heutigen Diskussionen und Entscheidungsprozessen eine Stimme zu geben. Dies darf aber nicht eindimensional geschehen, wie es manche Klimaaktivisten (insbesondere der „Letzten Generation", die ja offenbar gar keine Zukunft mehr sieht), derzeit tun, sondern muss in die Komplexität von heutigen Interessen- und Güterabwägungen eingepasst werden.

In vielen Planungen, politischen Entscheidungsprozessen und Gesetzgebungsverfahren müssen verschiedenste Interessen, Rechte und Gesichtspunkte zu einem Ausgleich gebracht werden, wenn sie am Ende nicht nur punktuell Akzeptanz bei einzelnen Interessengruppen erzeugen sollen. In diesen Verfahren werden allerdings zahlreiche Interessen von Verbänden, Interessengruppen bzw. „Lobbyisten" zur Geltung gebracht, die in der Regel aber nur punktuelle Interessen artikulieren und meist nicht langfristig angelegt sind, sondern in der Regel nur die bestehenden Gruppenvorteile sichern oder noch ausbauen wollen. Der Zukunft und der Nachhaltigkeit eine Stimme in solchen Prozessen zu geben, wäre daher überaus wünschenswert. Durch die existenten Verbände kann dies aufgrund ihrer inneren Struktur sowie Meinungs- und Willensbildung in der Regel heutzutage nicht geleistet werden. Und die schon heute komplexen Verfahren mit allen möglichen institutionalisierten Beteiligungen sollten auch nicht noch weiter verlängert und Entscheidungen damit verzögert werden.

Was könnte man also tun? Zum einen ließe sich daran denken, die zahlreichen, aber meist ineffizienten Beteiligungs- und Anhörungsverfahren durch einen „Zukunfts-Check" zu ersetzen, der von Digitaltauglichkeit über Jugendgerechtigkeit bis zu ökologischer und finanzieller Nachhaltigkeit reicht. Die Verbesserung der Anhörungsergebnisse könnte auch dadurch erreicht werden, dass Anzuhörende nur berücksichtigt werden, wenn sie sich anhand vorgegebener Kriterien zu den Zukunftsauswirkungen äußern. Ein solcher „Zukunfts-Check" könnte gesetzlich, im Übrigen aber auch in den Geschäftsordnungen des Deutschen Bundestages, der Landtage, der Bundesregierung und der Landesregierungen verankert werden. Wichtig wäre dabei eben immer die ganzheitliche Betrachtung, da zahlreiche Möglichkeiten der Interessenartikulation für Interessenverbände bestehen, die immer nur punktuell wirken und oft für andere Interessen möglicherweise sogar ungerecht sind.

Zum anderen könnte auch ein Parlamentsausschuss oder eine dauerhafte Enquete-Kommission errichtet werden, die neben Politikern jeweils fachkundige Sachverständige enthalten. Zudem müssten auch die von der Zukunft Betroffenen in derartigen Gremien eine Stimme erhalten. Denn nur wenn der Zukunft eine Stimme gegeben wird, kann

Politik sich über neue Trends informieren, Zukunftsinteressen in den Blick nehmen und zu vernünftigen *und* zukunftsweisenden Entscheidungen kommen.[267] An sich ist es ja gerade die besondere Fähigkeit des Menschen, die Folgen seines Handelns abzuschätzen und strategisch vorauszudenken. Der derzeitige Lobbyismus sichert allerdings in der Regel nur das Bestehende. Vergleichbares gilt für den Staat und seine Strukturen. Denn die Zukunftsfähigkeit des Staates benötigt eine grundlegende Reform der staatlichen Verwaltung (→ Verwaltungsmodernisierung)[268] – auch solche Anstöße müsste ein solches Gremium geben, ohne natürlich für jedes Fachgebiet tiefgehende und abschließende Reformvorschläge abliefern zu können. Ein Vorbild für einen solchen Zukunftsrat im Sinne einer Zukunftslobby ist eher der deutsche Ethikrat, der allerdings einen anderen Auftrag hat und etwas weit von der Umsetzungsdimension praktischer Politik entfernt ist.
Ein solcher Zukunftsrat, eine solche Zukunftslobby sollte in jedem Fall (auch) auf Landesebene errichtet werden: Denn hier gibt es eine recht gute Blick- und Tiefenschärfe für die regionale Wirtschaft, für die Bedürfnisse der (auch jungen) Menschen vor Ort, für Start-ups, für die Herausforderungen der Natur, der Umwelt, der Kommunen und gesellschaftlichen Gruppen. Und selbstverständlich muss eine Zukunftslobby sich auch um die Bedürfnisse der heute jungen oder mittelalten, in der Zukunft aber alten Menschen kümmern. Ein solcher Zukunftsrat wäre noch viel besser als ein Klimarat, viele andere Beiräte oder Beauftragte, die immer nur spezifische Interessen vertreten. Mit einem Zukunftsrat anstelle vieler anderer Gremien wäre auch schlankeren staatlichen Entscheidungsstrukturen gedient und ein Forum geschaffen, das interessante Modelle zur öffentlichen Diskussion stellen kann. Ein solches Gremium könnte Vertrauen in den Gestaltungswillen der Politik für die Zukunft zurückbringen und Offenheit für die Anliegen künftiger Generationen erzeugen. Die Weichen für das Glück in der Zukunft werden heute gestellt.

IV. Fazit und Ausblick

So, liebe Leserinnen und Leser, nun haben Sie meine Vorschläge zur Sicherstellung der Zukunftsfähigkeit unseres schönen Bundeslandes und damit unseres Glücks auch im Jahre 2030 kennengelernt. Vielleicht haben Sie das eine oder andere Mal mit den Augen gerollt, hoffentlich aber doch ganz überwiegend zustimmend genickt. Wenn die Zustimmung überwiegt, dann lassen sie uns doch gemeinsam anpacken: Stellen wir die Weichen für den Spitzenplatz Schleswig-Holsteins im Glücksranking (auch) 2030!

Die Schaffung dieser Voraussetzungen ist natürlich auch Aufgabe von Politik, Parlament, Regierung und Justiz – und an diese richten sich ja auch viele meiner Vorschläge. Die „Glücksseligkeit des gemeinen Wesens" zu befördern, ist schon seit Jahrhunderten als Aufgabe von Regierungen benannt worden.[269] Aber es ist eben auch unser aller Aufgabe in unseren jeweiligen Lebenswelten – jeder kann seine eigene Welt verbessern, seinen Beitrag zum großen Glück aller leisten, anderen Gutes tun.[270] Es dürfte deutlich geworden sein, dass es viele kleine Schritte, viele kleine Aktionen, viele richtig getroffene Entscheidungen und viele richtige Umsetzungsschritte benötigt, damit wir auch 2030 die glücklichsten Deutschen sind. Die Felder des Handelns sind – selbstverständlich ohne Anspruch auf Vollständigkeit – benannt. Die Größe der Herausforderung ist dabei höchst unterschiedlich. Allerdings kennen wir bei den meisten Themen das Ziel, mitunter auch schon den Weg dorthin.

Ein Kernproblem ist heutzutage sicherlich die Komplexität der Lebenswelt. Dies ist aber vor allem auch ein Darstellungsproblem: Schon die Massenmedien, nun aber erst recht das Internet und die „sozialen" Netzwerke lassen viele Problemstellungen näher an uns heranrücken, wirken bedrohlicher und absorbieren mindestens viel Aufmerksamkeit, Energie, die beim Problemlösen dann fehlt. Die Welt war auch früher schon komplex, menschliches Handeln hatte vielfältige Auswirkungen. Schon im Mittelalter waren Klimaprobleme und Kriegshandlungen

„grenzüberschreitend" und durch vielfältige Einflussnahmen miteinander vernetzt. Aber die Themen kamen in der Regel nicht so dicht an die Menschen heran, wenn sie nicht gerade unmittelbar betroffen waren. Und vor allem konnten sie alle Probleme der Welt schon gar nicht in Echtzeit wahrnehmen. Man überlege nur, wie heute die Verbreitung der Schrecken des Dreißigjährigen Krieges (1618–1648) oder die Verbreitung der 9/11-Anschläge in New York stattfinden würde. Weder 1625 noch 2001 gab es Smartphones. Die Resilienz der Menschen ist daher ein wichtiges Thema. Diese stärken wir mit Distanz zu dem 24-stündigen Nachrichten- und Informationsrauschen im Netz. Probieren Sie es aus: Lassen Sie Ihr Smartphone zu Hause und wandern Sie einen Tag lang an Schleswig-Holsteins Küsten entlang. Sie werden die Wirkung sofort spüren! Damit erfolgt dann auch eine Reduktion der Komplexität: Wir sind wieder in der Lage, die Probleme zu entwirren und einzelne Lösungsbeiträge anzugehen. Diese sind manchmal gar nicht so schwer – auch davon hat dieses Buch gehandelt.
Mit dem Verschließen der Augen vor den Problemen und Herausforderungen, mit dem Nichtstun auf dem „Biedermeier-Sofa" wird es allerdings mit dem größten Glück aller in Schleswig-Holstein im Jahre 2030 nicht werden. Anpacken müssen wir selbst, in allen staatlichen und gesellschaftlichen Bereichen. Die Handlungsfelder reichen von Klima und Umwelt über Finanzen, Recht, Freiheit, Integration von Zuwanderern, Infrastrukturen, dem Fachkräftemangel bis zu Bildung oder neuen Verwaltungsstrukturen. Es gilt: Verändere, was du bewahren willst! Dieses Motto ist manchmal mühsam, passt doch aber an sich ganz gut zu uns Schleswig-Holsteinern. Glück ist letztlich immer „reflektierte Individualität"[271], sagt der Soziologe *Niklas Luhmann,* und schon ca. 500 Jahre vorher hat der Humanist *Erasmus von Rotterdam* auf „die Einsicht, dass ein Mensch nur durch innere Werte glücklich ist", hingewiesen.[272] Dabei hilft es aber, wenn die Rahmenbedingungen stimmen. Machen wir uns also an die Arbeit an unserem zukünftigen Glück.

V. Nachweise

1 Eingehend dazu *Utz Schliesky*, Legitimität, 2020.

2 Dazu etwa *Wilhelm Berges*, Die Fürstenspiegel des hohen und späten Mittelalters, 1938, unveränderter Nachdruck 1952; *Mariano Delgado/Volker Leppin (Hrsg.)*, Die gute Regierung, Fürstenspiegel von der Antike bis zur Gegenwart, 2017; *Hans-Otto Mühleisen/Theo Stammen/Michael Philipp (Hrsg.)*, Fürstenspiegel der frühen Neuzeit, 1997.

3 Näher *Michaela Masek*, Antike Glücksethik, 2023, S. 13 ff.

4 *Michaela Masek*, Antike Glücksethik, 2023, S. 14; S. 32.

5 S. *Michaela Masek*, Antike Glücksethik, 2023, S. 11 f.

6 Abrufbar unter www.skl-gluecksatlas.de.

7 *Regenbogen/Meyer* (Hrsg.), Wörterbuch der philosophischen Begriffe, 2013, S. 266 f.

8 S. faz.net vom 5.11.2019.

9 Factsheet SH, Anlage zu DP-Glücksatlas 2019, Robert Grimm/Bernd Raffelhüschen; s. www.dpdhl.com, zul. aufgerufen am 12.9.2020.

10 Als Zeichen der Unsicherheit und Wandelbarkeit des Glücks wurde Fortuna häufig auf rollender oder schwebender Kugel oder mit Flügeln dargestellt, s. *Irmscher*, Das große Lexikon der Antike, 3. Aufl. 1979, S. 180.

11 *Andreas Reckwitz*, Das Ende der Illusionen: Politik, Ökonomie und Kultur in der Spätmoderne, 2019.

12 *Michel Onfray*, Niedergang, 2019, S. 632.

13 Dazu vertiefend die Beiträge in *Utz Schliesky (Hrsg.)*, Funktionsverluste von Staatlichkeit, 2018.

14 Der Schuldenstand Schleswig-Holsteins betrug am 31.12.2020 knapp 32 Mrd.

15 Dazu etwa *Utz Schliesky*, Digitale Räume und digitale Souveränität, 2022.

16 Dazu beispielsweise *Utz Schliesky*, Plattformgiganten oder Staaten – Wer ist der echte Souverän?, in: Markus Ferber (Hrsg.), Digitale Souveränität für Europa, 2023, S. 65 ff.

17 Dazu *Utz Schliesky*, 175 Jahre Einheit Schleswig-Holsteins durch Verfassung, 2023.

18 Dazu *Wolfgang Grunwald*, Der unterlegene Mensch, 2019, S. 173 ff.; *Utz Schliesky*, NVwZ 2019, 693 (696); *Kai Strittmatter*, Schuld und Sühne, Süddeutsche Zeitung Nr. 116 vom 20./21.5.2017, S. 11 ff.; *Xifan Yang*, Wir sehen Dich!, Die Zeit Nr. 3 vom 10.1.2019, S. 13 ff.

19 Vorschlag für eine Verordnung des Europäischen Parlaments und des Rates zur Festlegung harmonisierter Vorschriften für Künstliche Intelligenz (Gesetz über Künstliche Intelligenz) und zur Änderung bestimmter Rechtsakte der Union, Dok. COM (2021) 206 final vom 21.4.2021.

20 Gesetz über die Möglichkeit des Einsatzes von datengetriebenen Informationstechnologien bei öffentlich-rechtlicher Verwaltungstätigkeit (IT-Einsatz-Gesetz – ITEG) vom 16. März 2022, GVOBl. SH 2022, 285.

21 *Utz Schliesky,* NVwZ 2019, 693 (697, 701).

22 Dazu *Utz Schliesky,* Legitimität, 2020, S. 139; s. auch *Barneck/Lütge/Wagner/Welsh,* Ethik in KI und Politik, 2019, S. 37 ff.

23 Dazu eingehend *Utz Schliesky,* in: Florian Becker/Christoph Brüning/Wolfgang Ewer/Utz Schliesky (Hrsg.), Verfassung des Landes Schleswig-Holstein, 2021, Art. 14 Rn. 29 ff.

24 *Wolfgang Huber,* Menschen, Götter und Maschinen – Eine Ethik der Digitalisierung, 2022, S. 117 ff.; *Utz Schliesky,* NJW 2019, 3692 ff.

25 Näher *Manfred Fuhrmann,* Der europäische Bildungskanon, 2004, S. 57 ff.

26 *Heinz-Elmar Tenorth,* Bildung – zwischen Ideal und Wirklichkeit, abrufbar unter www.bpb.de/themen/bildung/dossier-bildung/146201/bildung-zwischen-ideal-und-wirklichkeit/#node-content-title-7, zuletzt aufgerufen am 3. Oktober 2022.

27 *Arnim Regenbogen/Uwe Meyer (Hrsg.),* Wörterbuch der philosophischen Begriffe, 2013, Art. Bildung, S. 110.

28 Dazu etwa *Uta Kuhl,* in: Oliver Auge (Hrsg.), Christian-Albrechts-Universität zu Kiel – 350 Jahre Wirken in Stadt, Land und Welt, 2015, S. 51 ff; *Swantje Piotrowski,* ebd., S. 451 (479).

29 *Manfred Fuhrmann,* Der europäische Bildungskanon, 2004, S. 240.

30 Dazu *Utz Schliesky,* in: Josef Isensee/Paul Kirchhof (Hrsg.), Handbuch des Staatsrechts, Band XII, 3. Aufl. 2014, § 277 Rn. 16 ff.

31 Dazu eingehend *Staats/Weitling,* Ansgar in Haithabu, 2. Aufl. 2019; historisch eingehend *Helmold von Bosau,* Slawenchronik, neu übertragen und erläutert von Heinz Stoob, 6. Aufl. 2002, S. 48 ff.

32 Näher www.forumgeschichte-nordkirche.de; *Ortwin Pelc,* in: Klaus-Joachim Lorenzen-Schmidt (Hrsg.), Schleswig-Holstein Lexikon, 2000, abrufbar unter www.geschichte-s-h.de; *Staats/Weitling,* Ansgar in Haithabu, 2. Aufl. 2019.

33 Dazu näher *Joachim Krüger*/Uta *Kuhl,* in: Kirsten Baumann/Joachim Krüger/Uta Kuhl (Hrsg.), Luthers Norden, 2017, S. 140 ff.; aus der älteren Literatur *Volquart Pauls,* Geschichte der Reformation in Schleswig-Holstein, 1922.

34 Näher *Wolfgang Seegrün,* in: Martin Lätzel/Joachim Liß-Walther (Hrsg.), Christentum zwischen Nord- und Ostsee. Eine kleine ökumenische Kirchengeschichte Schleswig-Holsteins, 2004, S. 44 ff.

35 Näher *Larry Siedentop,* Die Erfindung des Individuums, 3. Aufl. 2022, S. 67 ff.

36 Zahlen der Bundeszentrale für politische Bildung, s. https://www.bpb.de/kurz-knapp/zahlen-und-fakten/soziale-situation-in-deutschland/61562/kirche-nach-bundeslaendern/, zuletzt aufgerufen am 3.11.2022.

37 https://www.kirchenaustritt.de/sh.

38 Siehe etwa *Christiane Frey/Uwe Hebekus/David Martyn,* Säkularisierung – Grundlagentexte zur Theoriegeschichte, 2020;*Hans Joas,* Säkularisierung und die Weltreligionen, 2007; *Hermann Lübbe,* Säkularisierung – Geschichte eines ideenpolitischen Begriffs, 2003.

39 Dazu begriffsbildend und eingehend *Andreas Reckwitz*, Die Gesellschaft der Singularitäten, 6. Aufl. 2018.

40 Zu weiteren Ansätzen aus Sicht der Landesbischöfin *Kristina Kühnbaum-Schmidt*, Kooperierende Kirche werden, Evangelische Theologie 82 (2022), 429 ff.

41 Zur Geschichte der christlichen Mystik jüngst grundlegend *Volker Leppin*, Ruhen in Gott, 2021, S. 9 ff.; speziell zur evangelischen Mystik *Peter Zimmerling*, Evangelische Mystik, 2. Aufl. 2020, S. 13 ff.

42 Eingehend zu Begriff, Inhalt und Gefährdungen der Legitimität *Utz Schliesky*, Legitimität, 2020.

43 Näher hierzu und zum Folgenden ARD-DeutschlandTrend vom 06.10.2022, abrufbar unter www.tagesschau.de/inland/deutschlandtrend/deutschlandtrend-3171.html, zuletzt aufgerufen am 15.10.2022.

44 S. etwa Initiative D21, E-Governmentmonitor 2022, abrufbar unter www.initiatived21.de, zuletzt aufgerufen am 17.11.2022, ferner dbb-Bürgerbefragung Öffentlicher Dienst, 2021, Einschätzungen, Erfahrungen und Erwartungen der Bürger, S. 3 ff., abrufbar unter www.dbb.de; *Moritz Schularick*, Der entzauberte Staat, 2021, S. 21 ff.; s. auch jüngst *Susanne Gaschke*, Gift für die Demokratie, Neue Zürcher Zeitung vom 24.6.2023, S. 1.

45 Eingehend Der Landeswahlleiter des Landes Schleswig-Holstein (Hrsg.), Wahlbericht zur Landtagswahl am 8. Mai 2022 in Schleswig-Holstein – endgültige Ergebnisse, 2022, S. 13, abrufbar unter www.statistik-nord.de/fileadmin/Dokumente/Wahlen/Schleswig-Holstein/Landtagswahlen/2022/endgültig/Wahlbericht_LTW_SH_2022_endgültig.pdf, zuletzt aufgerufen am 17.11.2022 . Im Vergleich fällt auf, dass die Wahlbeteiligung in den 1970er und 1980er Jahren über 20 % höher lag.

46 Näher *Utz Schliesky*, Legitimität, 2020, S. 88 ff.

47 Dazu *Hartmut Rosa*, Beschleunigung: Zur Heuristik des Ausnahmezustandes, in: Karl-Rudolf Korte/Gert Scobel/Taylan Yildiz (Hrsg.), Heuristiken des politischen Entscheidens, 2022, S. 263 ff.

48 Dies ist die Gefahr der sogenannten „Postdemokratie", dazu grundlegend *Colin Crouch*, Postdemokratie, 2008.

49 Zu den Gefahren sozialer Netzwerke *Nikolaus Piper*, Wir Untertanen, 2019, S. 9ff.; *Utz Schliesky*, NVwZ 2019, 693 (696 ff.); *Christoph Türcke*, Digitale Gefolgschaft, 2019, S. 73 ff.

50 Dazu *Utz Schliesky*, in: Morlok/Schliesky/Wiefelspütz (Hrsg.), Parlamentsrecht – Praxishandbuch, 2016, § 5 Rn. 66 ff.

51 Dazu *Utz Schliesky*, in: Isensee/Kirchhof (Hrsg.), Handbuch des Staatsrechts, Band XII, 3. Aufl. 2014, § 277 Rn. 16 ff.

52 Dazu prägnant *Utz Schliesky*, Legitimität durch Lügen?, Süddeutsche Zeitung vom 15.1.2017, S. 2.

53 Dazu etwa *Ulrike Ackermann*, Das Schweigen der Mitte, 2020, S. 31 ff.; *Eduard Kaeser*, Der Esel und der Kluge, NZZ vom 21. November 2022, S. 15.

54 Richtig *Joachim Gauck*, Toleranz: Einfach schwer, 2020, S. 139 ff.; klassisch gegen die „Einfältigkeit der Fanatiker" *Voltaire*, Über die Toleranz, 4. Aufl. 2016 (1763), S. 31 ff.; wissenschaftlich grundlegend *Rainer Forst*, Toleranz im Konflikt – Geschichte, Gehalt und Gegenwart eines umstrittenen Begriffs, 5. Aufl. 2017, S. 30 ff.

55 *Franz von Holtzendorff*, Die Principien der Politik, 1869, S. IV.

56 Dazu statt vieler *Jürgen Habermas*, Ein neuer Strukturwandel der Öffentlichkeit und die deliberative Politik, 2022, S. 9 ff.; *Utz Schliesky*, Legitimität, 2020, S. 74 ff., 119 ff.

57 S. dazu die Beiträge in *Utz Schliesky/Sönke E. Schulz* (Hrsg.), Der einzelne Akteur im demokratischen Rechtsstaat, 2022.

58 Näher *Herfried Münkler*, Die Zukunft der Demokratie, 2022, S. 138 ff.

59 Eingehend zu Teilaspekten *Lea-Marie Weischede*, Parlamentskunst - Zur Staatsästhetik freiheitlicher Demokratie, *2022*.

60 Zu den Zahlen www.schleswig-holstein.de/DE/landesregierung/themen/energie/windenergie/windenergie.html, zuletzt aufgerufen am 10.9.2022.

61 Statistisches Amt für Hamburg und Schleswig-Holstein, Statistik informiert ... Nr. 182/2021 vom 13.12.2021 (online abrufbar unter www.statistik-nord.de).

62 S. etwa *Andreas Glas/Peter Fahrenholz*, Nord gegen Süd, Süddeutsche Zeitung Nr. 222 vom 26.9.2022, S. 6.

63 S. Bericht zum Engpassmanagement in Schleswig-Holstein vom 21.7.2022 auf www.schleswig-holstein.de/DE/landesregierung, zuletzt aufgerufen am 10.9.2022.

64 S. „Ideen verbinden - Chancen nutzen - Schleswig-Holstein gestalten", Koalitionsvertrag für die 20. Wahlperiode des Schleswig-Holsteinischen Landtages (2022-2027) zwischen CDU und Bündnis 90/Die Grünen vom 22.6.2022, S. 1, Zeile 15: „Wir wollen Schleswig-Holstein zum ersten klimaneutralen Industrieland machen".

65 S. Koalitionsvertrag (Fn. 64), S. 150, Zeile 5167 ff.

66 *Eskildsen*, Vier Dörfer planen ein eigenes Fernwärmenetz auf Alsen, Der Nordschleswiger vom 12. Oktober 2022.

67 Eine solche Idee findet sich auch im Koalitionsvertrag (Fn. 64), S. 152, Zeile 5209 ff.

68 Allerdings gehörte Helgoland damals noch zu England. Erst 1890 wird Helgoland auf der Grundlage des „Vertrags über Kolonien und Helgoland" zwischen Deutschland und Großbritannien wieder deutsch.

69 *Pico della Mirandola*, De hominis dignitate – Über die Würde des Menschen, 1496, herausgegeben und übersetzt von Gerd von der Gönna, 2009, S. 9.

70 Zutreffend *Peter Unruh*, Der Verfassungsbegriff des Grundgesetzes, 2002, S. 345.

71 *Johann Jacob Moser*, Neues teutsches Staatsrecht, Band 1, Von Teutschland und dessen Staats-Verfassung überhaupt, 1766, 23 Cap., S. 484 ff.

72 Hier kann die Bedeutung des Reichskammergerichts nicht überschätzt werden; dazu *Bernhard Diestelkamp*, Rechtsfälle aus dem Alten Reich – Denkwürdige Prozesse vordem Reichskammergericht, 1995, S. 11 ff.; *Rudolf Smend*, Das Reichskammergericht, 1911, S. 51 ff.

73 Zu frühen Entwicklungen *Robert von Friedeburg*, Luthers Vermächtnis, 2021, S. 440

ff.; zeitgenössisch etwa *Friedrich Christoph Jonathan Fischer,* Über die Geschichte des Despotismus in Deutschland, 1780.

74 Dazu *Martin Heckel,* Martin Luthers Reformation und das Recht, 2016, S. 205 ff., 438 ff.

75 Etwa durch *Friedrich Wilhelm Joseph Schelling,* Über das Wesen der menschlichen Freiheit (1809), herausgegeben und eingeleitet von Thomas Buchheim, 2. Aufl. 2011.

76 Ausführlich *Gerd Habermann,* Freiheit in Deutschland – Geschichte und Gegenwart, 2021, S. 59 ff.

77 Dazu *Ulrich Lange,* Geschichte Schleswig-Holsteins, 1996, S. 177 f.

78 Eingehend die Beiträge in *Thomas Steensen (Hrsg.),* Die friesische Freiheit, 1990.

79 *M. Anton Heimreich,* Nordfriesischem Chronik, 3. Aufl., herausgegeben von Niels Nikolaus Falck, 1819, 1. Theil, S. 128 f.; *Thomas Steensen,* Nordfriesland von einst bis jetzt, 2022, S. 122.

80 Dazu *Dieter Gosewinkel,* Schutz und Freiheit?, 2016, S. 12 ff., 630 ff.; *Utz Schliesky,* Der Bürgerstatus als Grundpfeiler des demokratischen Verfassungsstaates, in: Utz Schliesky/Sönke E. Schulz (Hrsg.), Der einzelne Akteur im demokratischen Rechtsstaat, 2022, S. 15 (40 ff.).

81 Humorvoll aufgegriffen von *Josef Joffe/Dirk Maxeiner/Michael Miersch/Hendryk M. Broder,* Schöner denken – Wie man politisch und korrekt ist, 3. Aufl. 2009.

82 Festgestellt vom Bundesverwaltungsgericht durch Urteil vom 22.11.2022, BVerwG 3 CN 2.21, zuvor auch VGH München, Beschluss vom 4.10.2021, VGH 20 N 20.767.

83 So ausdrücklich Resolution des Schleswig-Holsteinischen Landtages vom 16. Juni 2023, LT-Drs. 20/1091 (neu).

84 Näher www.aerztezentrum-buesum.de, zuletzt aufgerufen am 28.11.2022; *Bundesministerium für Ernährung und Landwirtschaft,* In Büsum werden Landärzte nicht länger gesucht, sondern eingestellt, https://www.bmel.de/SharedDocs/Praxisbericht/DE/laendliche-Regionen/buesum-aerztezentrum.html, zuletzt aufgerufen am 28.11.2022.

85 Ärztegenossenschaft Nord e.G. mit Sitz in Bad Segeberg.

86 Dazu grundlegend *Utz Schliesky,* Das Modell der öffentlich-rechtlichen Genossenschaften als Träger öffentlicher Daseinsvorsorge und Infrastruktur, in: Hans-Jörg Schmidt-Trenz/Rolf Stober (Hrsg.), Jahrbuch Recht und Ökonomik des Dritten Sektors 2013/2014 (RÖDS) – Der Dritte Sektor als Infrastrukturakteur, 2014, S. 149 ff., s. auch *Winfried Kluth,* Die Rolle von Genossenschaften und Kooperationen (einschließlich) im Bereich der Bildungsinfrastrukturen, ebd., S. 161 ff.

87 *Georg Beseler,* Volksrecht und Juristenrecht, 1843, S. 158 ff.; *Otto von Gierke,* Deutsches Genossenschaftsrecht 4 Bände, 1868 ff.; s. auch *Lorenz von Stein,* Die Verwaltungslehre, Teil I, 1865, S. 431 ff.

88 *Utz Schliesky/Jan Schlürmann,* Lorenz von Stein – Leben und Werk zwischen Borby und Wien, 2015, S. 73 ff. – Mit seinem Gedicht „An Schleswig-Holstein" macht *Lorenz von Stein* deutlich, dass sein Herz nach fast 20 Jahren Wiener Gelehrtentätigkeit nach wie vor an der Heimat hängt:

„O, Du Land der grünen Höhen
Land der blauen See!
Wenn ich Deiner fern gedenke,
thut das Herz mir weh!
Deiner stolzen hohen Buchen,
Deiner goldnen Saat,
Deiner Segel nah und ferne,
auf des Meeres Pfad!
(...)"

Das Gedicht entstammt dem Band von *Lorenz von Stein*, Alpenrosen, 1873, S. 17 f.; neu herausgegeben von *Klaus H. Fischer*, Wissenschaftlicher Verlag, Schutterwald/Baden 1994; herausgegeben durch das Lorenz-von-Stein-Institut für Verwaltungswissenschaften an der Christian-Albrechts-Universität zu Kiel, Kiel 2015.

89 *Thomas Steensen*, Nordfriesland von einst bis jetzt, 2022, S. 11, 120 ff.

90 *Simone Egger*, Heimat, 2014, S. 31 f.

91 Dazu *Utz Schliesky*, Ein Recht auf Heimat?, 2014, S. 1 f. – Gleiches gilt für den Begriff der „Nation", s. etwa *Aleida Assmann*, Die Wiederfindung der Nation, 2020, S. 61 ff., 301 ff.; *Robert Habeck*, Patriotismus: Ein linkes Plädoyer, 2010.

92 1. Mose 11, 28; 24,7.

93 *Helmold von Bosau*, Slawenchronik, neu übertragen und erläutert von Heinz Stoob, 6. Aufl. 2002, Kap. 98.

94 Hierzu und zum Folgenden *Utz Schliesky*, Ein Recht auf Heimat?, 2014, S. 5 ff.

95 *Utz Schliesky*, Ein Recht auf Heimat?, 2014, S. 10 ff.

96 *Erasmus von Rotterdam*, Vertrauliche Gespräche, übersetzt und herausgegeben von Kurt Steinmann, 2000, S. 141.

97 *Rolf Oerter/Leo Montada*, Entwicklungspsychologie, 5. Auflage 2002, S. 292.

98 Zur positiven Wiedererfindung der Nation *Aleida Assmann*, Die Wiedererfindung der Nation, 2020, S. 239 ff.

99 *Johann Wolfgang Goethe & Friedrich Schiller*, Xenien, herausgegeben von Frieder von Ammon und Marcel Lepper, 2022, Nr. 96, S. 23.

100 S. auch *Francis Fukuyama*, Identität, 2. Auflage 2019, S. 17.

101 Näher zum Ganzen *Jonas Grethlein*, Antike und Identität, 2022, S. 7 ff.

102 Auch dazu *Jonas Grethlein*, Antike und Identität, 2022, S. 30.

103 *Francis Fukuyama*, Identität, 2. Aufl. 2019, S. 156.

104 S. *Francis Fukuyama*, Identität, 2. Aufl. 2019, S. 17, 19 ff.

105 *Pico della Mirandola*, De hominis dignitate – Über die Würde des Menschen, 1496, herausgegeben und übersetzt von Gerd von der Gönna, 2009, S. 9: „Keinen bestimmen Platz habe ich dir zugewiesen, auch keine bestimmte äußere Erscheinung, auch nicht irgendeine besondere Gabe habe ich dir verliehen, Adam, damit du den Platz, das Aussehen und alle die Gaben, die du dir selber wünschst, nach deinem eigenen Willen und Entschluss erhalten und besitzen kannst. (...) Du wirst von allen Ein-

schränkungen frei nach deinem eigenen freien Willen, dem ich dich überlassen habe, dir selbst deine Natur bestimmen. (...) Weder als einen Himmlischen noch als einen Irdischen habe ich dich geschaffen und weder sterblich noch unsterblich dich gemacht, damit du wie ein Former und Bildner deiner Selbst nach eigenem Belieben und aus eigener Macht zu der Gestalt dich ausbilden kannst, die du bevorzugst. Du kannst nach unten hin ins Tierische entarten, du kannst aus eigenem Willen wiedergeboren werden, nach oben in das Göttliche." – Zu Pico della Mirandola *Oliver W. Lembcke*, in: Gröschner/Kapust/Lembcke (Hrsg.), Wörterbuch der Würde, 2013, S. 31 f.

106 *Rolf Gröschner*, Weil Wir frei sein wollen, 2016, S. 115 (121 ff.); *Peter Unruh*, Der Verfassungsbegriff des Grundgesetzes, 2002, S. 344 f.

107 Hierzu näher *Utz Schliesky*, Legitimität, 2020, S. 141 ff.

108 *Francis Fukuyama*, Identität, 2. Aufl. 2019, S. 213.

109 Eingehend zu dem Bürgerstatus *Utz Schliesky*, in: ders./Schulz (Hrsg.), Der einzelne Akteur im demokratischen Rechtsstaat, Symposium zum 80. Geburtstag von Edzard Schmidt-Jortzig, 2022, S. 15 (17 ff., 36 ff.).

110 *Knud Andresen*, Schleswig-Holsteins Identitäten, 2011.

111 *Kathrin Sinner*, Schleswig-Holstein – Das nördliche Bundesland, 2011.

112 *Utz Schliesky*, in: Becker/Brüning/Ewer/Schliesky (Hrsg.), Verfassung des Landes Schleswig-Holstein, Handkommentar, 2021, Präambel Rn. 34.

113 www.ortederdemokratie.sh.

114 *Johann Wolfgang von Goethe*, Faust, Teil I, Vorspiel auf dem Theater, Zeile 197, in *Erich Trunz (Hrsg.)*, Goethes Werke, Hamburger Ausgabe, Band III, 1998, S. 14.

115 https://de.statista.com/statistik/daten/studie/262401/umfrage/jugendarbeitslosenquote-in-schleswig-holstein/, zuletzt aufgerufen am 31.1.2023.

116 Zu dieser Diskussion *Gregor Kirchhof*, Die Kinderrechte des Grundgesetzes, NJW 2018, 2690 ff.; *Isabel Lischewski*, Kinderrechte in der Verfassung - Zur Diskussion einer Grundgesetzänderung, ZRP 2007, 149 ff.; *Margarete Schuler-Harms*, Kinder in den Mittelpunkt - und ins Grundgesetz, KJ 2009, Beiheft 1, 133 ff.; *Friederike Wapler*, Kinderrechte und Kindeswohl, 2015.

117 BT-Drs. 19/28138.

118 BT-Drs. 19/28440.

119 BT-Drs. 19/10552.

120 Dazu eingehend *Matthias Schubert*, in: Becker/Brüning/Ewer/Schliesky (Hrsg.), Verfassung des Landes Schleswig-Holstein, 2021, Art. 10 Rn. 12 ff.

121 www.jugendgerecht.de.

122 Herausgegeben von der Koordinierungsstelle Handeln für eine jugendgerechte Gesellschaft, abzurufen unter www.jugendgerecht.de, zuletzt aufgerufen am 31.1.2023.

123 Auch in Schleswig-Holstein gibt es einen entsprechenden Antrag der Fraktionen der SPD und des SSW, s. LT-Drs. 20/20 (neu).

124 Zum Gottorfer Staat *Dieter Lohmeier*, Kleiner Staat ganz groß: Schleswig-Holstein-Gottorf, 1997; s. auch *Heinz Spielmann (Hrsg.)*, Gottorf im Glanz des Barock, 2

Bände, 1997. – Zu Adam Olearius *Kirsten Baumann/Constanze Köster/Uta Kuhl (Hrsg.)*, Adam Olearius: Neugier als Methode, 2017; *Erich Maletzke*, Adam Olearius: Gottorfer Hofgelehrter. Ein turbulentes Leben, 2010. – Zur Universitätsgründung *Oliver Auge (Hrsg.)*, Christian-Albrechts-Universität zu Kiel - 350 Jahre Wirken in Stadt, Land und Welt, 2015; *Henning Ratjen*, Geschichte der Universität zu Kiel, 1870.

125 Eindrucksvolle Schilderung bei *Martin Stock/Ute Wilhelmsen*, Weltnaturerbe Wattenmeer, 2009.

126 *Thomas Steensen*, Nordfriesland von einst bis jetzt, 2022, S. 368 ff.

127 https://www.unesco.de/kultur-und-natur/weltdokumentenerbe/weltdokumentenerbe-deutschland/geschichte-der-hanse, zuletzt aufgerufen am 1.6.2023.

128 Kieler Nachrichten vom 1. Juni 2023, S. 10.

129 Dazu jüngst *Martin Lätzel/Maike Manske (Hrsg.)*, 125 Jahre Schleswig-Holsteinische Landesbibliothek – Von Archiv bis Zukunft, 2020.

130 *Rainer Hering*, Kommentierte Beständeübersicht des Landesarchivs Schleswig-Holstein, Bestandsaufnahme zum 150-jährigen Bestehen, 2020.

131 Die Zahlen sind zitiert nach *Ministerium für Bildung, Wissenschaft und Kultur*, Kulturbericht 2017 - 2021, www.schleswig-holstein.de/DE/Fachinhalte/K/kulturpolitik/Downloads/Kulturbericht_2017_2021.pdf?_blob=publikationFile&v=1.

132 Ministerium für allgemeine und berufliche Bildung, Wissenschaft, Forschung und Kultur des Landes Schleswig-Holstein, Kulturbericht 2017 - 2021, Statistischer Anhang zum Kulturbericht, S. 14; Stichtag: 30.6.2019.

133 Kulturstatistik (s. vorige Fn.), S.14; Stichtag: 30.6.2019.

134 *Ralph Bollmann*, Walküre in Detmold, 2011, S. 125 ff., zu Kiel, Lübeck und Flensburg.

135 Einzelheiten dazu im Kulturbericht 2017 - 2021 (s. o. Fn. 132).

136 Näher *Utz Schliesky*, in: ders. (Hrsg.), Heimat in Häusern, 2021, S. 6 ff.

137 Einzelheiten dazu unter https://www.kulturknotenpunkt.de.

138 Dazu Kulturstatistik 2017 - 2021 (s.o. Fn. 132), S. 14.

139 Zu all dem *Thomas Hummel*, Ärger um „rote Gebiete", Süddeutsche Zeitung Nr. 154 vom 8.7.2021, S. 6.

140 www.geschichte-s-h.de, Art. Höfesterben, zuletzt aufgerufen am 4.3.2023.

141 www.statistik-nord.de/zahlen-fakten/landwirtschaft, zuletzt aufgerufen am 4.3.2023.

142 S. Artikel „Deutsche werfen gigantische Mengen an Fleisch in den Müll", https://www.welt.de/wissenschaft/article133345055/deutsche-werfen-gigantische-mengen-an-fleisch-weg.html, www.welt.de vom 16.10.2014, zuletzt aufgerufen am 27.2.2023.

143 Eingehend Heinrich-Böll-Stiftung, Bund für Umwelt und Naturschutz Deutschland und Le Monde Diplomatique, Fleischatlas 2021.

144 S. Themenseite „Biogasanlagen müssen sicherer und emissionsärmer werden" vom 27.5.2019, www.umweltbundesamt.de, zuletzt aufgerufen am 27.2.2023.

145 So auch das Umweltbundesamt, s. vorige Fußnote.

146 S. Themenseite „Biogasproduktion aus Gülle und Bioabfall ausbauen" vom 22.5.2019, www.umweltbundesamt.de, zuletzt aufgerufen am 27.2.2023.

147 Dazu *Hanno Charisius*, Wie eine Landwirtschaft ohne Glyphosat aussehen würde, Süddeutsche Zeitung vom 19. Mai 2016, https://www.sueddeutsche.de/wissen/pflanzenschutz-zurueck-in-die-Zukunft-Zukunft-1.2998964, zuletzt aufgerufen am 1.3.2023.

148 Kieler Nachrichten vom 11.6.2021, S. 8; das Thesenpapier ist abrufbar unter www.schleswig-holstein.de.

149 Die Bruttowertschöpfung der Landwirtschaft in Schleswig-Holstein betrug 2020 1,094 Mrd. und war – bei allen erheblichen Schwankungen – 50 % höher als 2015. Schleswig-Holstein trägt 2020 5,4 % zur gesamten Bruttowertschöpfung der Landwirtschaft in Deutschland bei – 1991 waren es noch 6,6 %, 2015 nur 4,7 %. Zu diesen Zahlen s. die Regionale Landwirtschaftliche Gesamtrechnung der Statistischen Ämter des Bundes und der Länder, https://www.statistik-bw.de/LGR/DE_WS_LR.asp, zuletzt aufgerufen am 4.3.2023.

150 Und dies ist nicht nur die Idee des Staats- und Verwaltungsrechtlers Schliesky, der von den Staats- und Verwaltungsreformen unter Karl dem Großen fasziniert ist, sondern wird auch von dem Kieler Agrarwissenschaftler Friedhelm Taube als zukunftsträchtiger Weg propagiert, s. *Paul Wagner*, Höfe proben für die Zukunft neue Wege, Eckernförder Nachrichten vom 8. Juni 2021, S. 23; wissenschaftliche Äußerung etwa bei *Friedhelm Taube*, Ökologische Intensivierung und Hybridlandwirtschaft: Strategien für eine weithin akzeptierte Landwirtschaft in Deutschland, in: Ein Gesellschaftsvertrag für die Landwirtschaft: Loccumer Landwirtschaftstagung 2021, abrufbar unter www.grassland-organicfarming.uni-kiel.de, zuletzt aufgerufen am 2.3.2023. – Die Dreifelderwirtschaft war aber schon während der Geltung des „Jyske Lov", des alten jütischen (dänischen) Rechtsbundes, vorgesehen, dazu *Niels Nikolaus Falck*, Beiträge zur Geschichte der Schleswig-Holsteinischen Landwirtschaft, 11847, S. 45 f.

151 *Bernd Fuhrmann*, Deutschland im Mittelalter, 2017, S. 43 f.; *Werner Rösener*, Bauern im Mittelalter, 1985, S. 129 ff.

152 Landesstrategie zur Sicherung der biologischen Vielfalt, LT-Drs. 19/227, S. 90 ff.

153 BVerfG, Beschluss vom 24. März 2021, 1 BvR 2656/18 u.a., BVerfGE 157, 30 ff., abrufbar unter http://www.bverfg.de/e/rs20210324_1bvr265618.html, zuletzt aufgerufen am 4.3.2023. Deutlich etwa Leitsatz 1: „Der Schutz des Lebens und der körperlichen Unversehrtheit nach Art. 2 Abs. 2 S. 1 GG schließt den Schutz vor Beeinträchtigungen grundrechtlicher Schutzgüter durch Umweltbelastungen ein, gleich von wem und durch welche Umstände sie drohen. Die aus Art. 2 Abs. 2 S. 1 GG folgende Schutzpflicht des Staates umfasst auch die Verpflichtung, Leben und Gesundheit vor den Gefahren des Klimawandels zu schützen. Sie kann eine objektivrechtliche Schutzverpflichtung auch in Bezug auf künftige Generationen begründen." Zu der damit ausgesprochenen „intertemporalen Freiheitssicherung" näher *Gregor Kirchhof*, Intertemporale Freiheitssicherung, 2022, S. 9 ff., 33 ff. Kritisch zu dem „Kli-

mabeschluss" *Fritz Vahrenholt/Sebastian Lüning*, Unanfechtbar? – Der Beschluss des Bundesverfassungsgerichts zum Klimaschutz im Faktencheck, 2021, S. 15 ff.

154 *Nina Horcher*, Sehnsuchtsort Wasser: Warum uns das Meer so fasziniert, Kurier vom 31.7.2017, https://kurier.at/wissen/sehnsuchtsort-wasser-warum-uns-das-meer-so-fasziniert/277.695.654, zuletzt aufgerufen am 6.3.2023.

155 *Gunter Scholtz*, Philosophie des Meeres, 2016, S. 192 f.

156 *Birgit van Hulst*, Glücksgefühl ohne Nebenwirkung: Kenne und aktiviere deine Gückshormone, https://www.evidero.de/welche-glueckshormone-gibt-es, zuletzt aufgerufen am 4.3.2023.

157 Dazu *Gunter Scholtz*, Philosophie des Meeres, 2016, S.13 ff.

158 S. etwa *Rolf Hammel-Kiesow*, Die Hanse, 6. Aufl. 2021; *Carsten Jahnke*, Die Hanse, 2014; *Stephan Selzer*, Die mittelalterliche Hanse,2010.

159 *Detlev von Liliencron*, in: Hans Storm (Hrsg.), Detlev von Liliencron: Ausgewählte Werke, 1964, S. 209 ff.; s. auch *Theodor Storm*, Rungholt, abgedruckt in: Heinrich Detering/Maren Ermisch/Peter Nicolaisen (Hrsg.), Klangraum, Erzählungen aus Schleswig-Holstein, 2013, S. 165 f.; aus historischer und archäologischer Perspektive: *Jürgen Newig/Uwe Haupenthal (Hrsg.)*, Rungholt – Rätselhaft und widersprüchlich, 2016.

160 *Theodor Storm*, Der Schimmelreiter, abgeduckt in: Rolf Toman, Werke in vier Bänden, Band 4, 1998, S. 336 ff.*; ders.*, Eine Halligfahrt, 2003.

161 S. etwa nur die Beiträge von *Heinrich Heine* in: Johannes Thiele (Hrsg.), Literarische Nordsee – Lektüre für die Tage am Meer, 2021, S. 27, 28, 30, 50 ff; ferner *Heinrich Heine*, Die Nordsee, 2004.

162 S. statt vieler *Ulrich Schulte-Wülwer*, Föhr, Amrum und die Halligen in der Kunst, 2003.

163 Darstellung unter https://www.ndr.de/geschichte/chronologie/Pallas-Feuer-An-Bord-Oelpest-Im-Watt-,pallasunglueck100.html, zuletzt aufgerufen am 11.3.2023.

164 Näher www.nationalpark-wattenmeer.de, zuletzt aufgerufen am 11.3.2023.

165 Schleswig-Holsteinischer Landtag, LT-Drs. 20615; Plenarprotokoll 20/18 vom 27.1.2023, S. 1303 ff.; *Henning Baethge*, Muss das Land bald CO2 speichern?, Schleswig-Holsteinische Landeszeitung vom 16.3.2023, S. 1.

166 CDRmareAIMS3 s. https://www.geomar.de/forschen/aktuelle-projekte, zuletzt aufgerufen am 11.3.2023.

167 Einzelheiten www.geomar.de, zuletzt aufgerufen am 11.3.2023.

168 Ein Kieler Innovationsbeispiel: www.oceanwell.de, zuletzt aufgerufen am 11.3.2023.

169 Dazu das Projekt GoJelly am GEOMAR-Helmholtz-Zentrum für Ozeanforschung in Kiel, s. auch https://biooekonomie.de/akteure/interviews/quallen-nutzbar-machen, zuletzt aufgerufen am 11.3.2023.

170 So die beiden Schlusssätze in dem anregenden Buch von *Gunter Scholtz*, Philosophie des Meeres, 2016, S. 256.

171 So eine gängige Definition, s. www.wikipedia.de, Art. Nachhaltigkeit, zuletzt aufgerufen am 31.3.2023.

172 *Hans von Carlowitz*, Sylvicultura oeconomica, 1713, Neudruck 2012.

173 Beispielhaft *Sächsische Hans-Carl-von-Carlowitz-Gesellschaft* (Hrsg.), Nachhaltigkeit als Verantwortungsprinzip – Carowitz weiterdenken, Jahresschriften der Hans-Carl-von-Carlowitz-Gesellschaft e.V., Ausgabe 2018/2019, 2018.

174 Brundtland Bericht der Weltkommission für Umwelt und Entwicklung aus 1987, s. www.nachhaltigkeit.info, Lexikon der Nachhaltigkeit, Art. Weltkommission für Umwelt und Entwicklung, zuletzt aufgerufen am 29.3.2023: Dort ist das Leitbild einer „nachhaltigen Entwicklung" erstmals entwickelt worden.

175 Dazu Amtl. Begr., LT-Drs. 18/2116, S. 13; *Utz Schliesky*, in: Florian Becker/Christoph Brüning/Wolfgang Ewer/Utz Schliesky (Hrsg.), Verfassung des Landes Schleswig-Holstein, 2021, Präambel Rn. 36.

176 BVerfG, Beschluss des Ersten Senats vom 24. März 2021, 1 BvR 2656/18 u.a., Leitsätze 1, 2; dazu *Christian Calliess*, ZUR 2021, 355 ff.; *Kurt Faßbender*, NJW 2021, 2085 ff.; *Walter Frenz*, DVBl. 2021, 808 ff.; *Gregor Kirchhof*, Intertemporale Freiheitssicherung: Klimaschutz – Sozialsysteme – Staatsverschuldung, 2022, S. 9 ff. – Sehr kritisch gegenüber dem Beschluss des Bundesverfassungsgerichts *Fritz Vahrenholt/Sebastian Lüning*, Unanfechtbar? Der Beschluss des Bundesverfassungsgerichts zum Klimaschutz im Faktencheck, 2021, S. 15 ff.

177 *Alberto Acosta*, Nachhaltigkeit – immer noch eine große Herausforderung, in: Sächsische Hans-Carl-von-Carlowitz-Gesellschaft (Hrsg.), Nachhaltigkeit als Verantwortungsprinzip – Carlowitz weiterdenken, Jahresschriften der Hans-Carl-von-Carlowitz-Gesellschaft e.V., Ausgabe 2018/2019, 2018, S. 129 (132).

178 Zum Verantwortungsprinzip Nachhaltigkeit etwa *Franz Alt*, in: Sächsische Hans-Carl-von-Carlowitz-Gesellschaft (Hrsg.), Nachhaltigkeit als Verantwortungsprinzip – Carowitz weiterdenken, Jahresschriften der Hans-Carl-von-Carlowitz-Gesellschaft e.V., Ausgabe 2018/2019, 2018, S. 35 ff.; grundlegend *Hans Jonas*, Das Prinzip Verantwortung, 1979/2003, S. 85 ff., 189 ff., 214.

179 *Ulrich Meißner*, Ostenfeld, in: Schleswig-Holstein Topographie, Band 7, 2006, S. 272.

180 *Ulrich Meister*, Ostenfeld, in: Schleswig-Holstein Topographie, Band 7, 2006, S. 272 (273); www.museumsverbund-nordfriesland.de.

181 Dazu in juristischer Perspektive eingehend *Utz Schliesky*, in: ders./Martin Schürmann (Hrsg.), Rechtsprobleme der Verzahnung von Herrschaftsgewalt im Mehrebenensystem, 2001, S. 23 ff.; *ders.*, in: Gregor Kirchhof/Mario Keller/Reiner Schmidt (Hrsg.), Europa: In Vielfalt geeint!, 2020, S. 185 (188 ff.).

182 *Utz Schliesky*, in: ders. (Hrsg.), Gespräche über den Staat, 2017, S. 11 (38 ff.); zu dieser grundlegenden Bedeutung der Grundrechte eindrucksvoll *Theodor Mommsen*, Die Grundrechte des deutschen Volkes, 1846/Neudruck 1969, S. 7 f.

183 Dazu *Utz Schliesky*, in: ders./Martin Schürmann (Hrsg.), Rechtsprobleme der Verzahnung von Herrschaftsgewalt in Mehrebenensystemen, 2001, S. 23 (36 ff.).

184 *Wilhelm von Humboldt*, Ideen zu einem Versuch, die Grenze der Wirksamkeit des Staats zu bestimmen, 1967/1995, S. 31.

185 Die Zahl stammt aus dem Portal für das Ehrenamt, https://engagiert-in-sh.de, zuletzt aufgerufen am 1. April 2023.

186 Das Ranking befindet sich im Fünften Deutschen Freiwilligensurvey 2019, eingehend: *Julia Simonson/Nadiya Kelle/Corinna Kausmann/Clemens Tesch-Römer* (Hrsg.), Freiwilliges Engagement in Deutschland – Der Deutsche Freiwilligensurvey 2019, 2022, S. 89.

187 *Hans Jonas,* Das Prinzip Verantwortung, 1979/2003, S. 304.

188 Vorbildlich insoweit der Haftpflicht- und Unfallversicherungsschutz für ehrenamtlich Tätige Schleswig-Holstein, s. www.engagiert-in-sh.de, zuletzt aufgerufen am 1. April 2023.

189 https://ehrenamtskarte.de, zuletzt aufgerufen am 1. April 2023.

190 Einzelheiten unter https://netzwerkq40.de, zuletzt aufgerufen am 13.3.2023.

191 Zum Queller *Rainer Borcherding,* Naturführer Wattenmeer, 2013, S. 24.

192 Dazu *Thomas Steensen,* Nordfriesland von einst bis jetzt, 2022, S. 183 ff.

193 Dazu *Rolf Kuschert,* Nordfriesland in der frühen Neuzeit, in: Nordfriisk Instituut (Hrsg.), Geschichte Nordfrieslands, Teil 3, 2007, S. 44 ff.; *Albert Panten,* Die Nordfriesen im Mittelalter, in: Nordfriisk Instituut (Hrsg.), Geschichte Nordfrieslands, Teil 2, 2010, S. 48; *Thomas Steensen,* Nordfriesland von einst bis jetzt, 2022, S. 197 ff.

194 Dazu *Albert Panten,* Die Nordfriesen im Mittelalter, in: Nordfriiisk Instituut (Hrsg.), Geschichte Nordfrieslands, Teil 2, 2010, S. 47 f.; *Max Pappenheim,* Die Siebenhardenbeliebung vom 17. Juni 1426, 1926. – Die Siebenhardenbeliebung als solche ist keine republikanische Verfassung, sondern behandelt Fragen des Familien-, Erb- und Strafrechts. Wohl aber die Tatsache des eigenverantwortlichen Erlasses belegt eine – wenn auch offenbar ungeschriebene – republikanische Verfassung der Harden.

195 Statt vieler *Reimer Hansen,* Zur Geschichte der Ratsverfassung in den holsteinischen Städten mit lübschem Recht, Die Heimat 1919, S. 145 ff., 161 ff.; *Joachim Luca Stein,* Gründliche Abhandlung des Lübschen Rechts, 5 Teile, Band 1, 1738; *Otto Wolff,* Das Lübsche Recht in der Stadt Kiel, 1898.

196 Dazu jüngst *Utz Schliesky,* 175 Jahre Einheit Schleswig-Holsteins durch Verfassung, 2023, S. 25 ff.

197 *Rolf Gröschner,* Art. Republik, in: Werner Heun/Martin Honecker/Martin Morlok/Joachim Wieland (Hrsg.), Evangelisches Staatslexikon, 2006, Sp. 2041.

198 *Utz Schliesky,* Gespräche über den Staat, 2017, S. 54; eingehend auch *Hans Buchheim,* Der neuzeitliche republikanische Staat, 2013, S. 9 ff.; *Marc André Wiegand,* Demokratie und Republik, 2017, S. 54 ff.

199 Dazu *Carsten Bäcker,* in: Florian Becker/Christoph Brüning/ Wolfgang Ewer/Utz Schliesky (Hrsg.), Verfassung des Landes Schleswig-Holstein, 2021, Art. 6 Rn. 1 ff., Art. 12 Rn. 31 ff.; *Susanne Beck,* in: Pirmin Stekeler-Weidhofer/Benno Zabel (Hrsg.), Philosophie der Republik, 2018, S. 325 ff.

200 *Catharina Gräfin von Schlieffen,* in: Werner Heun/ Martin Honecker/Martin Morlok/Joachim Wieland (Hrsg.), Evangelisches Staatslexikon, 2006, Art. Rechtsstaat (J), Sp. 1926.

201 *Utz Schliesky*, Gespräche über den Staat, 2017, S. 46.

202 *Utz Schliesky*, Gespräche über den Staat, 2017, S. 47.

203 Zur Erosion des Rechtsstaats s. außerdem *Utz Schliesky*, Das Ende des Staates? Zwischen „Staatsversagen" und Staatseuphorie, 2016, S. 21 ff.; *dens.*, Der demokratische Verfassungsstaat in Gefahr, 2019, S. 34 ff.

204 *Utz Schliesky*, Digitale Räume und digitale Souveränität, 2022, S. 37 ff.

205 *Horst Dreier*, in: ders. (Hrsg.), Grundgesetz, Band II, 3. Aufl. 2015, Art. 79 III Rn. 35; *Ingo von Münch*, Grundbegriffe des Staatsrechts II, 3. Aufl. 1985, Rn. 10 ff.

206 Entwurf der Bundesregierung vom 1.3.2023, BT-Drs. 20/5823.

207 Sehr skeptisch auch *Susanne Gaschke*, Streit um das Demokratiefördergesetz, Neue Züricher Zeitung Nr. 65, vom 18.3.2023, S. 2.

208 *Utz Schliesky*, Das Ende des Staates? Zwischen „Staatsversagen" und Staatseuphorie, 2016, S. 21 f.; eingehend auch *Herfried Münkler*, Mitte und Maß - Der Kampf um die richtige Ordnung, 2012, S. 17 ff.

209 *Jutta Bauer*, Selma – Oder was ist Glück?, 3. Aufl. 2022.

210 *Ulrike Krickau*, Schafe und ihre Menschen in Schleswig-Holstein, 2. Aufl. 2021, Rücktitel.

211 Landesverband Schleswig-Holsteinischer Schaf- und Ziegenzüchter e.V., Schleswig-Holsteinischer Landtag, Umdruck 18/4740.

212 Landesverband Schleswig-Holsteinischer Schaf- und Ziegenzüchter e.V., Schleswig-Holsteinischer Landtag, Umdruck 18/4740.

213 So die Stiftung für Tierschutz „Vier Pfoten", https://www.vier-pfoten.de/kampagnen-themen/themen/nutztiere/schafe/10-fakten-ueber-schafe, zuletzt aufgerufen am 1.6.2023.

214 „Schafe merken sich fast jedes Gesicht", Der Spiegel vom 8.11.2001 (www.spiegel.de/wissenschaft/mensch/gutes-gedaechtnis-schafe-merken-sich-fast-jedes-gesicht-a-166493.html#, zuletzt aufgerufen am 1.6.2023.

215 Näher www.nordfrieslamm.de, zuletzt aufgerufen am 3.6.2023.

216 *Josef Pieper*, über den Begriff der Tradition, 1958, S. 13; *Arnim Regenbogen/Uwe Meyer*, Wörterbuch der philosophischen Begriffe, 2013, S. 668.

217 *Josef Pieper*, über den Begriff der Tradition, 1958, S. 13.

218 *Leszek Kolakowski*, Der Anspruch auf die selbstverschuldete Unmündigkeit, in: Leonhard Reinisch (Hrsg.), Vom Sinn der Tradition, 1970, S. 1.

219 Aus der reichhaltigen Literatur beispielsweise *Aleida Assmann*, Zeit und Tradition. Kulturelle Strategien der Dauer, 1999; *Karsten Dittmann*, Tradition und Verfahren, 2004; *Josef Pieper*, Über den Begriff der Tradition, 1958; *Leonhard Reinisch (Hrsg.)*, Vom Sinn der Tradition, 1970.

220 *Norbert Bolz*, Der alte weiße Mann, 2023, S. 92.

221 Dazu ebenfalls *Norbert Bolz*, Der alte weiße Mann, 2023, S. 92.

222 S. auch *Panajotis Kondylis*, Konservativismus, 2023, S. 16.

223 Zutreffend *Norbert Bolz*, Der alte weiße Mann, 2023, S. 92.

224 Dazu auch *Erich Maletzke*, Die Schleswig-Holsteiner, 2005, S. 77f.

225 Hierbei handelt es sich um eine reflektiert wiederbelebte Tradition, die mittlerweile den Status des immateriellen Kulturerbes (→ Kultur) erhalten hat. Dazu *Thomas Steensen*, Nordfriesland von einst bis jetzt, 2022, 368 ff.

226 „Traditionen und Brauchtum" sind auch auf der offiziellen Seite der Landesregierung (www.schleswig-holstein.de) zu finden (vom Biikebrennen bis zum Klootstock-Springen).

227 Näher *Michaela Masek*, Antike Glücksethik, 2023, S. 119 ff.

228 *Anne Holbach*, Ein Land zum Erholen und Entspannen, Kieler Nachrichten vom 23.3.2023, S. 9.

229 *Anne Holbach*, Ein Land zum Erholen und Entspannen, Kieler Nachrichten vom 23.3.2023, S. 9.

230 *Johanna Lehn*, „Wir wollen keine Sylter Verhältnisse", Eckernförder Nachrichten vom 24.3.2023, S. 23.

231 Dazu das Sonderheft VI „Tourismus & Nachhaltigkeit" der Kulturzeitschrift Schleswig-Holstein.

232 Einige Belege: *Utz Schliesky*, NVwZ 2003, 1322 ff.; *ders.*, DÖV 2004, 809 ff.; *ders.*, VerwArch. 98 (2008), 313 ff.; s. ferner beispielsweise die drei Bände *Schliesky (Hrsg.)*, Die Umsetzung der EU-Dienstleistungsrichtlinie in der deutschen Verwaltung; sechs Bände *Hermann Hill/Utz Schliesky (Hrsg.)*, E-Volution des Rechts- und Verwaltungssystems.

233 Zu einem vergleichbaren Ergebnis kommen auch die Bürgerbeauftragten der Bundesländer in ihrer „Schweriner Erklärung" vom 21.4.2023. – In diesem Zusammenhang s. auch *Utz Schliesky/Birgit Wille (Hrsg.)*, Recht auf gute Verwaltung? – Ansätze für ein neues Verhältnis zwischen Bürger und Verwaltung, 2014.

234 Näher dazu *Utz Schliesky*, Staatliches Innovationsmanagement - Ein instrumenteller Ansatz zum Umgang mit Unsicherheit und Nichtwissen - in: Hermann Hill/Utz Schliesky (Hrsg.), Management von Unsicherheit und Nichtwissen, 2016, S. 9 ff.

235 Für die Kundigen und Interessierten, die dies nicht langweilt, seien die in Fußnote 236 genannten Werke empfohlen.

236 Hierzu und zum Folgenden *Utz Schliesky*, Kommunale Aufgaben im Wandel, in: ders. (Hrsg.), Selbstverwaltung im Staat der Informationsgesellschaft, 2010, S. 67 ff.; *Utz Schliesky*, Moderne Verwaltungsstrukturen in einem reformbedürftigen Föderalismus, in: Utz Schliesky/Niclas Herbst/Guido Wendt (Hrsg.), Schleswig-Holstein 2020 – Gedankenskizzen zur Zukunft eines Bundeslandes, 2011, S. 222 (223 ff.).

237 Angaben vom Statistischen Bundesamt, Stand: 31.3.2023, https://www.destatis.de/DE/Themen/Laender-Regionen/Regionales/Gemeindeverzeichnis/Administrativ/Archiv/Verwaltungsgliederung/Verwalt1Q Aktuell html. Da einige Städte, Ämter und amtsfreie Gemeinden im Rahmen einer Verwaltungsgemeinschaft gem. § 19a des Gesetzes über kommunale Zusammenarbeit eine andere Gemeinde oder ein anderes Amt zur Durchführung ihrer Verwaltungsgeschäfte in Anspruch nehmen, ist die genannte Zahl der existierenden Verwaltungen geringer als die Summe der Städte, Ämter und amtsfreien Gemeinden.

238 www.kommunalformum.de, zuletzt aufgerufen am 2.5.2023.

239 Dazu näher *Utz Schliesky*, in: Florian Becker/Christoph Brüning/Wolfgang Ewer/Utz Schliesky (Hrsg.), Verfassung des Landes Schleswig-Holstein, 2021, Art. 14 Rn. 29 ff.

240 Grundlegend *Utz Schliesky*, Auswirkungen des eGovernment auf Verwaltungsstrukturen?, in: Hans-Günter Henneke (Hrsg.), Künftige Funktionen und Aufgaben der Kreise im sozialen Bundesstaat, 2004, S. 163 (167 ff.).

241 Dazu sehr grundsätzlich *Utz Schliesky*, Digitalisierung – Herausforderung für den demokratischen Verfassungsstaat, NVwZ 2019, 693 ff.; s. ferner *Viktor Mayer-Schönberger/Thomas Ramge*, Das Digital, 3. Aufl. 2017; *Jamie Susskind*, Digital Republic – Warum unsere neue Welt eine neue Ordnung braucht, 2023.

242 Dazu *Utz Schliesky/Birgit Wille*, Recht auf gute Verwaltung? Ansätze für ein neues Verhältnis zwischen Bürger und Verwaltung, 2014; *Utz Schliesky*, in: Florian Becker/Christoph Brüning/Wolfgang Ewer/Utz Schliesky (Hrsg.), Verfassung des Landes Schleswig-Holstein, 2021, Art. 52 Rn. 32 ff.

243 *Lodovico Antonio Muratori*, Von der Glückseeligkeit des gemeinen Wesens, als dem Hauptzweck gut regierender Fürsten, deutsche Übersetzung 1758, S. 41.

244 Eingehend *Bruno S. Frey/Claudia Frey Marti*, Glück – Die Sicht der Ökonomie, 2010; *Wilhelm Schmid*, Glück und seine Bedeutung für die Wirtschaft, Essay Nr. 1, Roman Herzog Institut, s. www.romanherzoginstitut.de/publikationen, zuletzt aufgerufen am 3.6.2023.

245 *Annette Jensen/Ute Scheub*, Glückswirtschaft ist machbar, taz am Wochenende vom 2.3.2013, S. 12 f.

246 *Johannes Pennekamp*, Wirtschaftsfaktor Glück, FAZ vom 30.6.2017, https://www.faz.de/aktuell/wirtschaft/vom-seminar-bis-zum-schulfach-wirtschaftsfaktor-glueck-15084017.html, zuletzt aufgerufen am 3.6.2023.

247 Die Bibel nach Martin Luthers Übersetzung, Jubiläumsausgabe 500 Jahre Reformation, 2017, Das erste Buch Mose (Genesis), 3, 17 ff.

248 Dazu eingehend *Franziska C. Eickhoff*, Der lateinische Begriff „otium", 2021.

249 *Michael Neumann/Jörg Schmidt*, Glücksfaktor Arbeit, Diskussionspapier Nr. 21 des Roman Herzog Instituts, 2013, www.romanherzoginstitut.de/publikationen, zuletzt aufgerufen am 3.6.2023.

250 Alle Zahlen von der Landesregierung s. www.schleswig-holstein.de/DE/landesportal/land-und-leute/zahlen-fakten/wirtschaft/wirtschaft_node.html, zuletzt aufgerufen am 15.5.2023.

251 https://www.ihk.de/schleswig-holstein/start/landtagswahl, zuletzt aufgerufen am 15.5.2023.

252 Insbesondere in Person des deutschen Bildungsexperten bei der OECD, Andreas Schleicher.

253 *Gerrit Manssen*, Verwaltungsrecht als Standortnachteil? Möglichkeiten und Grenzen des Bürokratieabbaus, 2006; *Utz Schliesky*, Verwaltungsreform als Aufgabe, VerwArch 98 (2008), 313 ff.

254 *Daniel Schiller*, Innovationen und Wertschöpfung in ländlichen Räumen,

https://www.bpb.de/themen/stadt-land/laendliche-raueme/334151/innovationen-und-wertschoepfung-in-laendlichen-raeumen/, zuletzt aufgerufen am 8.6.2023.

255 Wikipedia, Art. Generation X (Soziologie), zuletzt aufgerufen am 1.4.2023.

256 Zur X-Generation: *Guido Jablonski*, Generation X. Selbst- und Fremdbeschreibung einer Generation, 2002; *Jürg Pfister*, Motivation der Generation X: Das Potential der Generation X als Herausforderung für christliche Gemeinden und Missionswerke, 2003; stilbildend insbesondere der Roman von *Douglas Coupland*, Generation X – Geschichten für eine immer schneller werdende Kultur, 1991.

257 Näher *Nelly Keusch*, „Große Pläne, wenig Energie", in Neue Zürcher Zeitung vom 9. Mai 2023, Internationale Ausgabe, S. 15.

258 Dazu beispielhaft *Klaus Fröhlich-Gildhoff/Maike Rönnau-Böse*, Resilienz, 2022; s. auch *Hartmut Rosa*, Beschleunigung und Entfremdung: Entwurf einer kritischen Theorie spätmoderner Zeitlichkeit, 2013.

259 Zahlen bei *Roland Preuß*, Die Wucht der Baby-Boomer, Süddeutsche Zeitung Nr. 81 vom 6./7. April 2023, S. 2.

260 *Tobias Kohlstruck*, Versorgungsausgaben schnüren die Länder, in Argumente zu Marktwirtschaft und Politik Nr. 167, Berlin 2023, abrufbar unter www.stiftung-marktwirtschaft.de, zuletzt aufgerufen am 8.7.2023.

261 Überblick bei *Roland Preuß*, Die Wucht der Baby-Boomer, Süddeutsche Zeitung Nr. 81 vom 6./7. April 2023, S. 2.

262 Die Antidiskriminierungsstelle des Landes Schleswig-Holstein bei der Präsidentin des Schleswig-Holsteinischen Landtages hat ebenfalls mehrere Mitarbeiterinnen und Mitarbeiter; zu dem Tätigwerden s. den alle zwei Jahre erscheinenden Tätigkeitsbericht, zuletzt Bürgerbeauftragte für soziale Angelegenheiten, Tätigkeitsbericht 2019/2020 der Antidiskriminierungsstelle des Landes Schleswig-Holstein, April 2021, abrufbar unter www.landtag.ltsh.de, zuletzt aufgerufen am 7. April 2023.

263 Zuletzt etwa Landesrechnungshof Schleswig-Holstein, Bemerkungen 2022 – Bericht zur Aktuellen Haushaltslage, S. 8 f.; eingehend Landesrechnungshof Schleswig-Holstein, Versorgungsfonds – Anlage und Verwaltung der Mittel und der Erträge, Bericht des Landesrechnungshofs Schleswig-Holstein gemäß § 99 LHO vom 27. April 2021.

264 BVerfGE 118, 244 (266 ff., Rn. 59 ff.).

265 Dazu *Henning Baethge*, Wo es im Norden bei der Bundeswehr hapert, in: Schleswig-Holsteinische Landeszeitung vom 15.3.2023, S. 15, mit Beispielen aus dem Jahresbericht 2022 der Wehrbeauftragten des Deutschen Bundestages.

266 *Thomas Heilmann/Nadine Schön*, Neustaat, 2020, S. 55, unter Hinweis auf die britische NESTA-Foundation, s. www.nesta.org.uk, zuletzt aufgerufen am 28.5.2023.

267 S. auch *Thomas Heilmann/Nadine Schön*, Neustaat, 2020, S. 54.

268 *Thomas Heilmann/Nadine Schön*, Neustaat, 2020, S. 53; *Utz Schliesky*, Staatliches Innovationsmanagement und das Recht staatlicher Innovationen – Von der Verwaltungsmodernisierung zum ganzheitlichen Innovationsmanagement, in: Hermann Hill/Utz Schliesky (Hrsg.) Innovationen im und durch Recht, 2010, S. 9 ff.; *Utz*

Schliesky, Der überforderte Phoenix in: Frankfurter Allgemeine Zeitung Nr. 233 vom 8. Oktober 2009, S. 8.

269 Deutlich etwa *Lodovico Antonio Muratori*, Von der Glückseeligkeit des gemeinen Wesens, als dem Hauptzweck gut regierender Fürsten, Deutsche Übersetzung, 1758, S. 39 ff.

270 Noch einmal *Lodovico Antonio Muratori*, Von der Glückseeligkeit des gemeinen Wesens, als dem Hauptzweck gut regierender Fürsten, Deutsche Übersetzung, 1758, S. 41: „Nun dann bey unsern so aufgeklärten Zeiten sollte nicht allein, wer ein Rath des Fürsten ist, sondern auch, wer nur sonst von den Wissenschaften einen Grund hat, sein Hauptabsehen dahin nehmen, wie er seine große, oder kleine Welt verbessern könne. Glorreich ist in Wahrheit, andern einzeln gutes erweisen!"

271 *Niklas Luhmann*, Die Gesellschaft der Gesellschaft, Band 2, 1998, S. 1057 f.

272 *Erasmus von Rotterdam*, Vertrauliche Gespräche, übersetzt und herausgegeben von Kurt Steinmann, 2000, S. 141. Er ergänzt: „Reichtum, Ehre und Abstammung machen einen weder glücklich noch besser."

VI. Dank

Auch wenn dieses Buch in der „Einsamkeit" des häuslichen Arbeitszimmers niedergeschrieben wurde, so ist es doch das Ergebnis eines langen Denk- und Diskussionsprozesses. Viele Menschen sind daher auf vielfältige Weise an diesem Buch beteiligt gewesen, auch wenn es ihnen vielleicht gar nicht bewusst war. All diesen Menschen, die auf unterschiedlichste Weise zu diesem Buch beigetragen haben, möchte ich an dieser Stelle meinen herzlichen Dank sagen. Stellvertretend seien einige genannt.

Der erste Dank geht an meine Frau und meine Kinder, mit denen ich wesentliche Thesen, Vorschläge und Analysen diskutieren durfte. Daher ist das Buch ihnen auch gewidmet – in der Hoffnung, dass unsere Söhne 2030 zu den glücklichsten Menschen in einem traditionsbewussten, modernen, nachhaltigen, innovativen, friedlichen und fröhlichen Schleswig-Holstein gehören werden.

Dank gebührt ferner Nils Bretschneider, Kristina Herbst, Birgit Heß, Dr. Stefan Heße, Wilfried Hoops, Dirk Kock-Rohwer, Jan-Christian Kaack, Prof. Dr. Lutz Kipp, Eva-Maria Kühl, Gothart Magaard, Marcia Mimura, Richard Nägler, Svenja Nissen, Ingwert Paulsen jr., Hans-Jürgen Rösler, Dr. Gaby Schäfer, Prof. Dr. Edzard Schmidt-Jortzig, Dr. Norbert Schulte, PD Dr. Sönke E. Schulz, Prof. Dr. Peter Unruh, Christopher Vogt, Erk Westermann-Lammers, Sabine Wiener, den Kolleginnen und Kollegen im Lorenz-von-Stein-Institut für Verwaltungswissenschaften an der Christian-Albrechts-Universität zu Kiel, meinen Mitstreiterinnen und Mitstreitern im Vorstand des Freilichtmuseum Molfsee e.V., meinen Dänischenhagener Freundinnen und Freunden.

VII. Über den Verfasser

Prof. Dr. Utz Schliesky, Jahrgang 1966, ist „gelernter" Wissenschaftler: Studium der Rechtswissenschaften, 1996 Promotion, 2002 Habilitation, Lehrbefugnis für Öffentliches Recht einschließlich Europarecht, seit 2007 apl. Professor an der Christian-Albrechts-Universität zu Kiel und Vorstand des Lorenz-von-Stein-Instituts für Verwaltungswissenschaften, dort auch Leiter des Forschungsbereichs Staatliches Innovationsmanagement. Hauptberuflich ist er seit 2009 Direktor des Schleswig-Holsteinischen Landtages. Er hat zahlreiche rechtswissenschaftliche, verwaltungswissenschaftliche und historische Bücher und Aufsätze verfasst – dies ist aber sein erster Glücksratgeber. Daneben war und ist er vielfältig ehrenamtlich aktiv: Er war zehn Jahre lang stellvertretender Vorsitzender der Herman-Ehlers-Stiftung e.V., zehn Jahre Präsident der Schleswig-Holsteinischen Juristischen Gesellschaft e.V., seit 2017 ist er Vorsitzender des Freilichtmuseum Molfsee e.V. Er ist verheiratet und hat zwei Kinder.